Wilfried Metze
Differenzierung im Erstleseunterricht

Lehrer-Bücherei: Grundschule

Herausgegeben von
Horst Bartnitzky und Reinhold Christiani

Wilfried Metze

Differenzierung im Erstleseunterricht

•

Bedingungen
für erfolgreiches Lesenlernen

•

Diagnose und Förderung

•

Ideen, Aufgaben, Spiele, Lernmittel

Cornelsen
SCRIPTOR

Gedruckt auf chlorfrei gebleichtem Papier
ohne Dioxinbelastung der Gewässer.

Die Deutsche Bibliothek – CIP-Einheitsaufnahme

Metze, Wilfried:
Differenzierung im Erstleseunterricht: Bedingungen für erfolgreiches Lesenlernen, Diagnose und Förderung, Ideen, Aufgaben, Spiele, Lernmittel/Wilfried Metze. – Frankfurt am Main: Cornelsen Scriptor, 1995
(Lehrer-Bücherei: Grundschule)
ISBN 3-589-05032-2

5. 4. 3. 2. Die letzten Ziffern bezeichnen
99 98 97 Zahl und Jahr des Drucks.

Umschlagentwurf: Studio Lochmann, Frankfurt am Main
Satz: Cornelsen Verlag Scriptor, Frankfurt am Main
Druck und Bindung: Clausen & Bosse, Leck
Printed in Germany
ISBN 3-589-05032-2
Bestellnummer 50322

Inhalt

1. Einleitung: Differenzieren statt Dogmatisieren

Jahrzehntelang war die Diskussion über den Erstleseunterricht beherrscht vom Streit um die richtige Methode. Die Ganzheitsmethode Arthur Kerns stand dem synthetischen Vorgehen konträr gegenüber. Die Auseinandersetzung hatte stark ideologische Züge und war emotional aufgeladen. Fruchtbare Erkenntnisse über die konkreten Prozesse beim Erwerb der Schriftsprache erwuchsen aus dieser Konfrontation kaum. Ein Ausweg schien sich aufzutun mit der Methodenintegration. Rein synthetisch oder stark analytisch ausgelegte Lehrgänge wurden verdrängt von Mischverfahren. Nunmehr wurde die Mehrzahl aller Fibeln als analytisch-synthetisch bezeichnet. Ausgesagt über das konkrete Vorgehen hat diese Bezeichnung allerdings wenig. Zwar enthielten alle so benannten Lehrwerke sowohl analytische als auch synthetische Elemente, oft aber nur in einer additiven Form und in unterschiedlicher Gewichtung. Nur ein Teil der angebotenen Fibeln ging konsequent analytisch-synthetisch vor, indem vom ersten Wort an eine vollständige Strukturierung des Laut-Zeichen-Zusammenhangs vorgenommen wurde. Aber auch Lehrgänge, die diesen Anspruch erheben, unterscheiden sich hinsichtlich ihrer methodischen Gestaltung oft erheblich. Wer nach Beendigung des Dogmenstreits gehofft hatte, die Erstlesedidaktik würde sich mit dem konkreten Aufbau der Lehrgänge und deren Wirksamkeit beschäftigen, sah sich getäuscht. Mehr und mehr wurde so getan, als spielten methodische Fragen keine Rolle mehr und als seien sich alle Lehrgänge zum Verwechseln ähnlich. Ob die Verwendung der verschiedenen Lehrgänge unterschiedliche Ergebnisse hervorbrachte, wurde nicht untersucht. Es wurde auch kaum nachgefragt, wie die einzelnen Kinder mit den Lehrgangsangeboten umgehen, inwieweit die Lernprozesse der Kinder entlang der durch die Lehrgänge vorgegebenen Wege verlaufen, wie die konkreten Lernprozesse bei den Kindern aussehen, worin die entscheidenden Schritte zur Erfassung des Leseprinzips bei jedem Kind bestehen usw.

Statt dessen tat sich alsbald ein neuer Dualismus in der Frage des Erstleseunterrichts auf. Überschrieben werden könnte er mit dem Schlagwort „Spracherfahrungsansatz gegen Fibelunterricht". Nicht mehr um die Gestaltung von Leselehrgängen geht es, sondern um deren Existenzberechtigung. Ausgehend von der amerikanischen Theorie des „language experience approach" mit Wurzeln auch in der deutschen Reformpädagogik wird jedem vorgefertigten Lehrgang der Kampf angesagt. „Lehrgänge sind keine Lernhilfen, sondern Lernbarrieren." (ERICHSSON, 1988, S. 30) Daß auch dieses Gefecht stark ideologische

Züge trägt, soll in den einleitenden Kapiteln dieses Buchs gezeigt werden. Dies geschieht mit der Absicht, die Diskussion hinzuführen zu den konkreten Lernprozessen, um Wege aufzuzeigen, wie jedem einzelnen Kind das Lesen- und Schreibenlernen möglichst vereinfacht werden kann. Ein stures Einhalten vorgeschlagener Lehrgangsschritte geht an den Bedürfnissen vieler Kinder sicher ebenso vorbei wie das konzeptionslose, beliebige Angebot aller möglichen, attraktiv erscheinenden Spiele und Übungen. Eine Sammlung von Vorschlägen zur Differenzierung im Schrifterwerbsunterricht birgt die große Gefahr einer „Ex und hopp"-Pädagogik. Die Verführung, dies oder jenes herauszugreifen, da es besonders motivierend zu sein verspricht, ohne sich über die Funktion im Schrifterwerbsprozeß ausreichend Klarheit verschafft zu haben, ist groß. Nicht jedes Rezept ist für jedes Kind zu jedem Zeitpunkt das Richtige.
Um diese Gefahr wenigstens teilweise zu bannen, sind einige grundlegende theoretische Ausführungen vorangestellt, die vom Autor nicht als Beiwerk, sondern als erforderliches Fundament angesehen werden. Die Zusammenstellung der Praxisvorschläge gründet auf diesen theoretischen Überlegungen. So wurden Übungen vermieden, die die Einsicht in die Struktur unserer Buchstabenschrift eher behindern als erleichtern, und so ist auch die Phaseneinteilung abzuleiten.

2. Mit oder ohne Fibel?

Dies ist wohl die allererste Frage, die sich jeder zu stellen hat, der sich als Lehrender auf Erstunterricht im Lesen und Schreiben vorbereitet. Für die meisten Lehrerinnen hingegen stellt sich dieses Problem nicht. Für sie ist Erstleseunterricht unlösbar mit einem Lehrwerk verbunden. Dagegen laufen seit Jahren Fachdidaktiker Sturm. Die Ausgaben der Grundschulzeitschriften des letzten Jahrzehnts repräsentieren den Trend weg von der Fibel, hin zum individualisierenden Angebotsunterricht. Besonders in der „Deutschen Gesellschaft für Lesen und Schreiben" (DGLS) sind die Fibelgegner dominierend. Die hochinformativen Veröffentlichungen dieser Vereinigung belegen die Parteinahme wichtiger Repräsentanten der DGLS (u.a. Brügelmann, Balhorn, Spitta u.v.a.) für den Spracherfahrungsansatz, der sich gegen Leselehrgänge ausspricht.
Sieht man sich die tatsächliche Verwendung von Fibeln (um 90 %) an, muß man scheinbar folgern, daß die umfangreichen Bemühungen um einen differenzierten Erstunterricht erfolglos geblieben sind. Daß dies nicht so ist, zeigt ein Blick auf die neueren Leselehrgänge. Mit großem Materialangebot bieten sie teilweise erhebliche Individualisierungsmöglichkeiten. Dies stellt aber die Fibelgegner keineswegs zufrieden. Die gravierenden Differenzen zwischen den Lehrwerken, die Eignung für Individualisierung betreffend, werden von der Anti-Fibel-Fraktion nicht wahrgenommen bzw. als unbedeutend abgetan. Wenn im folgenden die zentralen Thesen gegen vorgefertigte Leselehrgänge zusammenfassend dargestellt werden, dann geschieht dies, um an der Erörterung darüber die Diskussion zu versachlichen. An vielen Thesen und deren Begründungen, aber auch an etlichen Gegenargumenten lassen sich die Essentials eines guten Erstleseunterrichts ablesen. Entkleidet man die betont kämpferischen Positionen ihrer polemischen Hüllen, dann bleibt eine Fülle bedenkenswerter Fragen, die für den Schulalltag von größter Bedeutung sind. Diese grundlegenden Elemente eines vernünftigen Erstunterrichts sollen im nächsten Kapitel zu so etwas wie einer kurzgefaßten Theorie des Schriftspracherwerbs verknüpft werden.

2.1. Die wichtigsten Thesen gegen einen Fibelunterricht

1. **Fibellehrgänge zielen auf ein Optimum für den Durchschnitt. Nötig ist aber ein Repertoire verschiedener methodischer Ideen. (BRÜGELMANN, 1992 b)**
   Fibeln nehmen auf die Leistungsstreuungen in den Klassen keine Rücksicht. Sie bieten v.a. Könnern zu wenig. (BALHORN, 1991/92)

Ein breitgefächertes methodisches Repertoire ist für jede Art von Unterricht das Wunschziel. In der Praxis findet man stets mehr oder weniger große Einschränkungen vor. Dies liegt an den unterschiedlichen soziokulturellen Voraussetzungen der Klassen, an den differierenden Fähigkeiten und Belastbarkeiten der Lehrerinnen, aber auch am Materialangebot. Sicherlich haben die meisten vorgefertigten Verlagsangebote einen idealtypischen Durchschnittsschüler im Blick. Die Differenzierungsmöglichkeiten beschränken sich häufig nur auf Zusatzaufgaben für schnellere Arbeiter. Wie aber steht es mit der Passung der mühsam hergestellten Eigenmaterialien für alle Schüler? Ein großer Unterschied zu den Verlagsangeboten ist, die individuelle Passung betreffend, oft nicht festzustellen. Auch ist das kommerzielle Material meist einfach attraktiver hergestellt. Das individuelle Zuschneiden von Medien für die Bedingungen jedes einzelnen Schülers ist nicht leistbar in unseren überfüllten Schulklassen, wäre aber auch bei 12 Kindern in jeder Klasse nicht machbar.
Dies fordert indes auch niemand. Manche Fibelbefürworter unterstellen den Gegnern diese Forderung, ohne daß sie je wirklich aufgestellt worden wäre. Die Individualisierung soll nicht durch jeweils eigens angefertigtes Material erfolgen, sondern dadurch, daß den Kindern ein unterschiedliches Herangehen an das Material ermöglicht wird. Der eine schreibt einzelne Buchstaben und malt dann, während der andere schon ganze Geschichten zu Papier bringt. Die gemeinsame Aufgabe lautet „Freies Schreiben zu einem bestimmten oder selbstgewählten Thema".
Guter Erstunterricht wird sich in dieser Frage an drei Maximen auszurichten haben, gleichgültig ob mit vorgefertigtem Material gearbeitet wird oder ohne:

1. Jedes Kind muß gefordert werden, wenn es gefördert werden soll. Es sich und seinen momentanen Bedürfnissen zu überlassen, wird das Kind nicht weiterbringen. So hat es auch niemand gemeint, aber so wird es mitunter verstanden.
2. Einem Kind noch einmal etwas beibringen zu wollen, was es schon längst kann, ist eine ziemlich nutzlose und demotivierende Angelegenheit. Es müssen also genügend anspruchsvolle Lern- und Arbeitsangebote für die schnellen und erfolgreichen Lerner vorhanden sein, ob mit oder ohne Fibel.

3. Manch eine Überforderung kann leicht dadurch verhindert werden, daß die Unterrichtende geschickte Hilfen zur Bewältigung eines Problems anbietet. Dazu muß sie allerdings erkennen können, worin die Schwierigkeit des Kindes in der jeweiligen Situation liegt, und sie muß wissen, wie dem Kind am schlauesten zu helfen ist. Hier geht es also um die Kompetenz der Lehrerin, aber auch dies ist unabhängig von der Frage „Mit oder ohne Fibel?“. Ein fürchterliches Mißverständnis über den Spracherfahrungsansatz besteht in der Leugnung der Möglichkeit des Lehrens. Daß das Lernen nur durch eigenaktive Aneignungsprozesse stattfindet, sagt ja noch nichts darüber, inwieweit lehrende Vorgaben durch Unterrichtende vom Lernenden in diesen Aneignungsprozessen nutzbringend verwendet werden. Manch etwas flott geratene Formulierung von Fibelgegnern führt zu Rezeptionen der Art: „Da das System der Schrift nicht lehrbar ist, sondern von jedem Kind auf die ihm gemäße Weise, nach seinem Tempo eigenaktiv entdeckt werden muß, kann ich mich darauf beschränken, Schriftbegegnungen zu ermöglichen.“ Diese Auffassung führt dann allerdings mitunter zu fatalen Folgen. Gut gemeintes Zeit-Geben führt in manchen Fällen dazu, daß Kinder im dritten Schuljahr noch nicht lesen können. Dies wird dann damit abgetan, daß diese Kinder eben solch extreme Entwicklungsrückstände aufgewiesen hätten, die auch durch unterrichtliche Interventionen nicht aufholbar seien. Die pädagogische Kapitulation ist in meinen Augen unverantwortlich, habe ich doch bei vielen Kindern mit extrem schlechten Lesevoraussetzungen die enorme Förderbarkeit erfahren. Selbstverständlich kann man Kindern dabei helfen, das Prinzip unserer Schriftsprache zu erfassen und zu bewältigen.

2. Lehrgänge sind Krücken, die den Blick auf konkrete Lernprozesse, auf individuelle Lernwege und Schwierigkeiten verstellen. (Brügelmann, 1992 b)

Das Lesenlernen birgt offenbar erhebliche Tücken, sieht man sich die große Zahl derer an, die daran trotz intensiven Unterrichts scheitern. Nun ist es ein leichtes, dafür jeweils Hauptverantwortliche zu nennen, wenn man keine genauen Untersuchungen über die Ursachen des Scheiterns an der Hand hat. Da sind es auf der einen Seite die Fibeln, die Lernbarrieren darstellen (vgl. Erichson, 1988), oder es sind die Laissez-faire-Lehrerinnen des Spracherfahrungssansatzes. Diese Art der Schuldzuweisung greift ebenso zu kurz wie die üblichen Hinweise auf schlechte Lernvoraussetzungen, bedingt durch das Elternhaus, und mangelhafte schulische Ausstattung. Natürlich kann all das einer Lese-Rechtschreibschwäche zugrunde liegen, nur gibt der Blick darauf nicht die Sicht frei auf Prozesse, die konkret für die Lernschwierigkeiten verantwortlich sind.

Wer einen Leselehrgang benutzt, kann sich sehr wohl intensiv mit den Schwierigkeiten des einzelnen Kindes auseinandersetzen. Ein vernünftig aufgebauter Lehrgang wird den Lehrerinnen die Deutung kindlicher Zugriffsweisen, üblicherweise als Fehler bezeichnet, erleichtern und wird ihr Hilfen an die Hand geben, die wiederum dem Kind über die Hürden helfen. Natürlich weichen die Lehrgänge in ihrer Qualität auch in dieser Frage voneinander ab. Ein guter Lehrgang sollte die in den folgenden zwei Punkten dargestellten Kriterien erfüllen.

1. Das methodische Grundprinzip sollte ausführlich erläutert sein, damit der Lehrerin die Funktion der Lehrgangsteile, ihr Ablauf und die damit möglicherweise verbundenen Schwierigkeiten sicher vertraut sind. Nur bei einer genauen Kenntnis des methodischen Ansatzes können Verhaltensweisen der Kinder sinnvoll gedeutet und kann angemessen darauf reagiert werden.
2. Die möglichen Zugriffsweisen der Kinder und die daraus resultierenden Verhaltensweisen sollten im Lehrerband eines Lehrgangs erläutert und es sollten Wege genannt sein, wie darauf reagiert werden kann. Ich will ein Beispiel nennen. Gerade in der Anfangsphase gibt es eine Reihe von Kindern, die sich auch die wenigen eingeführten Buchstaben trotz intensivster Übung nicht merken können. Zur hinderlichen „Krücke" im Brügelmannschen Sinne wird ein Lehrgang dann, wenn die Lehrerin diese Kinder mit zusätzlichen Übungen wie im bisherigen Lehrgangsverlauf malträtiert. Ein guter Leselehrgang wird diese Stelle im Leselernprozeß ausführlich kommentieren und adäquate Hilfsangebote vorschlagen.

   Weil es so wichtig ist, sei es noch einmal gesagt: Die Lernschwierigkeiten der Kinder erkennen und adäquat darauf reagieren kann nur die Lehrerin, die eine klare Vorstellung von den erforderlichen Abläufen des Schriftsprache-Erwerbs hat. Ob ein Leselehrgang verwendet wird oder nicht, ist dabei ohne Bedeutung. Schließlich ist zumindest denkbar, daß es unter den Lehrerinnen, die den Kindern durch Anbieten von Spracherfahrungsmöglichkeiten den Schriftspracherwerb selbst in die Hand geben, ebenso viele gibt, die nicht ausreichend über die erforderlichen Kenntnisse verfügen wie unter den Fibelbenutzerinnen. Ein gut kommentierter Lehrgang kann den diagnostischen und therapeutischen Blick durchaus schärfen.

3. **Lehrgänge setzen an einem fiktiven Nullpunkt an und nicht bei den jeweiligen Voraussetzungen des einzelnen Kindes. (Brügelmann, 1992 b; Balhorn, 1991/92)**

   Buchstaben und Wörter werden in einer festgelegten Reihenfolge geübt, die nicht unbedingt mit dem Kenntnisstand und Interesse der Kinder übereinstimmen muß. (Brügelmann, 1992 b)

Dies ist in der Tat ein Problem der Leselehrgänge, das in der Logik vorgefertigter Materialien begründet ist. „Lehrgänge" kann man unmöglich für das jeweils individuelle Kind passend gestalten. Sie gehen immer idealtypisch vor und gehen damit an den Voraussetzungen vieler Kinder vorbei. Jeder Leselehrgang stellt einen Kompromiß zwischen unterschiedlichsten Anforderungen dar. Da soll den Schon-Lesern bei Schuleintritt etwas geboten werden, gleichzeitig sollen Kinder mit sehr geringen Spracherfahrungen ausreichend in ihren Leselernvoraussetzungen gefördert und an das erforderliche Niveau schnell herangeführt werden. Die Angebote der meisten Lehrgänge sind in dieser Frage leider nicht erfreulich. Auch hier lassen sich Kriterien fassen, die verdeutlichen, worauf es ankommt.

1. Kein Lehrgang sollte Kinder, die zum Schulbeginn schon lesen können, nötigen, den Leselehrgang mit den anderen gemeinsam zu durchlaufen. Das Lesen- und Schreibenlernen steht aber im Mittelpunkt des Erstunterrichts, und ein völliges Ausklinken der Schon-Leser ist aus gruppenpsychologischen und anderen Gründen nicht wünschenswert. Damit diese Kinder nicht völlig abgekoppelt werden vom Geschehen in der Klasse, wäre es hilfreich, wenn sich der gesamte Erstunterricht um einen zentralen Inhalt drehen würde, der in den Lesematerialien vergegenständlicht ist. Die Fibelwelt wäre dann die gemeinsame Erlebniswelt der Kinder, unabhängig davon, auf welcher Stufe des Leselernprozesses die einzelnen Kinder stehen. Die verschiedenen Materialien des Lehrwerks, die die anderen im Laufe des Lehrgangs oder erst im Anschluß bewältigen können, müßten für die Kinder von Anfang an zum differenzierten Arbeiten zur Verfügung stehen. Sinn macht das nur, wenn die Materialien auch Bedeutung für die Leser haben. Sinnleere Lesetechnikübungen verbieten sich also von selbst. Immer sollte das sinnerfassende Lesen gefordert sein.
2. Der unterschiedliche Stand der Kinder fordert Leselehrgänge, die so flexibel handhabbar sind, daß nicht jeder zu jeder Zeit das Gleiche machen muß. Ideal ist es aus der Sicht der Anpassung an die Bedingungen jedes Kindes, wenn die Lernenden ihre Lernprozesse selbst einteilen und organisieren. Nach Meinung der Fibelgegner ist das mit Lehrgängen überhaupt nicht möglich. Die Erfahrungen vieler Kollegen und Kolleginnen, mich eingeschlossen, belegen das Gegenteil. Wenn die Kinder das Grundprinzip unserer Schriftsprache verstanden haben, und dieses kann, wie später gezeigt werden soll, sehr wohl in kurzer Zeit vermittelt werden, sind sie in der Lage, völlig selbständig weiterzuarbeiten. Und es gibt Leselehrgänge, die das dafür erforderliche Material bereitstellen. Bei der Auswahl sollte darauf geachtet werden, ob die angebotenen Materialien tatsächlich weitgehend selbständiges Arbeiten ermöglichen. Dies setzt neben inzwischen allgemein

üblichen Anlaut-Tabellen zur selbsttätigen Ermittlung des Laut-Zeichen-Zusammenhangs vor allem Arbeitsmaterialien voraus, die Selbstkontrolle ermöglichen und die immer wiederkehrende Arbeitstechniken verwenden, da bei individuellem Lernen nicht ständig neue Übungsformen eingeführt werden können. Hilfreich ist außerdem ein Instrumentarium, das Kindern und Lehrerin die Übersicht wahren hilft. Zu denken ist hierbei an Formen von Lese-Ausweisen, Stempelblättern o.ä.

3. Fibellehrgänge sind in der Tat linear aufgebaut, d.h. eine bestimmte Buchstabenabfolge ist vorgegeben. Dies muß jedoch nicht ein starres Korsett sein, dem die Kinder nicht entfliehen können. Lehrgänge mit den unter 1. und 2. dieses Abschnitts genannten Eigenschaften ermöglichen sehr wohl ein völliges Loslösen vom Buchstabenaufbau der Fibel. Zugegebenermaßen ist dieses völlige Öffnen des Erstleseunterrichts nur mit extrem wenigen Lehrgängen möglich, und außerdem fühlen sich viele Lehrerinnen mit großen Klassen mitunter zu Recht überfordert, dann noch den Überblick zu wahren. Aber auch wenn das Einhalten des Buchstabenaufbaus den meisten Kindern abverlangt wird, bedeutet dies keineswegs ein Ausschalten individueller Vorlieben und Interessen. Ein Erwerb im Lehrgangsaufbau erst später vorgesehener Buchstaben wird durch viele moderne Lehrgänge ermöglicht, ja mitunter gefördert. Außerdem lesen Kinder, die das Prinzip erfaßt haben, mit Begeisterung alles mögliche. Eine Fibel mit ihrem Arbeitsheft ist nicht das alleinige Schriftmedium für Erstkläßler. Da steht doch noch viel mehr auch im Klassenzimmer und in manchem Lehrgang zur Verfügung. Schließlich aber ist es auch kein unbilliges Vorgehen, Kindern etwas abzufordern, das nicht unbedingt ihren momentanen Bedürfnissen entspricht. Interesse wächst ja vielfach erst durch das Kennenlernen neuer Dinge, die man eigentlich zunächst lieber gemieden hätte. „Da sie (die Fibel, W. Metze) den Lernbedingungen nicht entsprechen kann, muß sie die Lerner unterwerfen." (BALHORN, 1991/92) Verallgemeinert man diesen Einwand auf die Passung von Lernbedingungen und Unterrichtsinhalten, dann muß man Schule in ihrer jetzigen Ausprägung völlig in Frage stellen. Dies kann man tun, nur sprengt eine Diskussion darüber den Rahmen einer Schrift über das Lesenlernen. Ich denke nur, daß es keine Unterwerfung bedeutet, wenn ich einem Kind eine bestimmte Aufgabe stelle, für die es im Augenblick nicht sonderlich interessiert ist und die es auch nicht auf Anhieb bewältigen kann.

Die Anpassung an die Lernvoraussetzungen der Kinder stellt ohne Zweifel das größte Handikap eines Fibellehrgangs dar. Doch wie findet diese Passung eigentlich beim lehrgangsfreien Unterricht statt? Daß nicht für jeden einzelnen Schüler ein für seine Bedingungen zugeschnittener Lehrgang entworfen werden kann, wurde schon erwähnt. Sieht man sich die Vorschläge des Spracherfahrungsansatzes an, so bleiben im wesentlichen zwei Elemente. Zum einen werden den Kindern eine Fülle von Sprachbegegnungen angeboten, die ihnen den eigenaktiven Zugang zur Schriftsprache ermöglichen sollen, zum anderen wird ein Verfahren gelehrt, das es ihnen ermöglicht, sich schriftsprachlich auszudrücken, und zwar auf der Stufe, die ihnen bei ihrem jeweils gegenwärtigen Lernstand möglich ist.

Die vielfältigen Spracherfahrungen, die Kindern aus einem schriftfernen Elternhaus vor Schuleintritt verwehrt blieben und die in der Tat unabdingbar sind, sollte jeder Erstunterricht ermöglichen. Auch wenn ein Leselehrgang benutzt wird, sollten die Kinder selbstverständlich Schrift in allen denkbaren, interessanten und für sie bedeutsamen Variationen kennenlernen. Das tägliche Vorlesen, das Briefeschreiben, das Erstellen eigener Bücher und viele der Dinge, die im praktischen Teil dieses Buchs vorgeschlagen werden, können und sollten auch neben einem Leselehrgang Berücksichtigung finden. Einige Lehrgänge bieten in ihrer Handreichung explizit eine Fülle von Vorschlägen dazu an. Auch dies könnte ein Kriterium für die Auswahl einer Fibel sein.

Von zentraler Bedeutung für die Entscheidung pro oder kontra Leselehrgang ist indes das zweite Verfahren des Spracherfahrungsansatzes. Der Grundgedanke ist einleuchtend und für jeden Erstunterricht beispielhaft. Die Kinder nähern sich der Schriftsprache, indem sie sie kommunikativ, für sie bedeutsam verwenden, auf dem Stand, der ihnen augenblicklich möglich ist. Sie schreiben also etwas auf, das ihnen wichtig ist, und so, wie sie schreiben können, und auf die Weise, die sie unter Schreiben verstehen. Daß diese Schriftprodukte, gemessen an der Norm der vollendeten Schriftsprache, fehlerhaft sind, versteht sich von selbst. Indes stellen diese Verschriftungsversuche der Kinder keine Fehler dar, sondern repräsentieren den jeweiligen Stand des Schriftspracherwerbs eines Kindes. Sie verraten, welche Sicht unserer Schrift das jeweilige Kind hat und auf welcher Stufe des Schriftspracherwerbs es sich befindet.

Diese Art des Schrifterwerbs scheint vom Gesichtspunkt der Passung an die individuellen Lernvoraussetzungen ideal, denn jedes Kind kann auf seinen Vorkenntnissen aufbauen und sein Interesse berücksichtigen. Deshalb wird diese Methode des **Lesens durch Schreiben** (vgl. REICHEN, 1982) zum Kern des lehrgangsfreien Erstleseunterrichts bei den Befürwortern des Spracherfahrungsansatzes. Dabei unterliegt man allerdings einem fatalen Trugschluß. Die entscheidende Frage ist: Wie sollen Kinder schreiben, die nicht schreiben können, die vom Prinzip unserer Schrift keine Ahnung haben?

Die praktische Antwort des Lesens durch Schreiben sieht so aus: Die Kinder werden aufgefordert, irgendein Wort zu schreiben. Sie sollen dann eine vollständige akustische Analyse des Worts vornehmen. Sie sollen – ohne daß sie mit den Laut-Buchstaben-Korrespondenzen hinreichend vertraut sind – heraushören, welcher Laut am Anfang zu hören ist, welcher danach kommt usw. Nun sollen sie in einer Anlaut-Tabelle nachsehen, welcher Bild-Begriff mit dem gleichen Anlaut beginnt usw. Der zugehörige Buchstabe wird aufgeschrieben. Eine rein akustische Analyse ist jedoch für Schulanfänger außergewöhnlich schwierig. Wenn wir sprechen, fließen nämlich unsere Wörter und Sätze ineinander. Die gesprochene Sprache besteht keineswegs aus klar voneinander abgegrenzten Einheiten, seien es Wörter oder Phoneme. Wer das lautliche Ordnungssystem – Gliederung durch Phonem-Graphem-Zuordnung – noch nicht zur Verfügung hat, dem fällt allein schon die Zerlegung von Sätzen in Wörter sehr schwer. Diese Leistung gelingt Leseanfängern, die das Leseprinzip noch nicht erfaßt haben, in der Regel nicht. Wieviel schwieriger ist die rein akustische Analyse der Phoneme! Das Kind muß von den Übergangs- und Gleitlauten, die ebenso zu hören sind wie die Phoneme, absehen und lediglich die bedeutungsunterscheidenden Laute heraushören. Zusätzlich soll es noch den Abstraktionsprozeß des Heraushörens der Lautunterschiede innerhalb der Phoneme leisten.

„Schriftkundige Erwachsene kommen im Regelfall bei der Wortgliederung nicht in Schwierigkeiten, weil sie durch tagtägliches Lesen die Schriftgliederung verinnerlicht haben. Wir meinen zu **hören**, was wir eigentlich **sehen**. Dieser lapidare Satz müßte fundamentale Auswirkungen auf unseren Anfangsunterricht haben. Ein Anknüpfen der Schrift an Wort- und Lauteinheiten, über die das Kind noch gar nicht verfügt, gleicht dem Versuch, ein Schiff im Wasser zu verankern." (BRÜGELMANN, 1983, S. 8)

Damit stecken aber die Fibelgegner im gleichen Dilemma wie die Anwender eines Leselehrgangs: Wie reagiert man am besten auf die unterschiedlichen Lernvoraussetzungen der Kinder? Das freie Schreiben stellt einen hervorragenden Weg dar, die Lernwege der Kinder zu individualisieren, nachdem das Leseprinzip erfaßt wurde. Wie Kindern aber leicht und effektiv das Erreichen dieser Stufe ermöglicht werden kann, bleibt offen. Der mir einleuchtende Ansatz wird im 3. Kapitel aufgezeigt.

4. **Fibeln folgen einer Teilchendidaktik. Das Üben von Teilfertigkeiten verstellt aber mitunter den Blick auf das Ganze und erschwert dessen Erfassung. (BRÜGELMANN, 1992 b)**
   Die Lehrgänge bieten Teilchenimpulse an, die Lesen und Schreiben außerhalb ihrer kommunikativen Funktion erfahren lassen. (SPITTA, 1988, S. 11 ff.)

Spätestens seit Downing und Valtin (BRÜGELMANN, 1987) wissen wir, daß die Einsicht eine bedeutsame Rolle bei vielen Lernprozessen darstellt. Das richtige kognitive Konzept von einer Sache erleichtert deren Aneignung erheblich.

Kinder, die keine Vorstellung davon haben, welche Funktion Buchstaben in unserer Schrift haben, können sich nicht nur die Lautungen dieser Buchstaben schwer merken, sie werden auch nicht lesen lernen. Das Training einzelner Fähigkeiten oder Fertigkeiten aus dem Komplex des Erlesens und Schreibens verspricht wenig Erfolg, wenn nicht die Funktion dieser Elemente für den Gesamtablauf deutlich ist. Eher synthetisch aufgebaute Lehrgänge können unter Umständen das Lesenlernen dadurch erschweren, daß sie bei der Laut-Zeichen-Zuordnung von Einzellauten ausgehen. Den Buchstaben werden sogenannte Normallaute beigeordnet, die vom konkreten Laut in der Klangfolge eines Worts oft erheblich abweichen. Wer zunächst beispielsweise das **e** als Buchstaben gelernt hat, der so klingt wie bei **Esel** am Anfang, der wird beim Lesen von **Geld** größte Schwierigkeiten haben. Nicht immer ist die Differenz so gravierend wie bei den Vokalen. Wichtig aber ist die Erfahrung, daß die Summe der Einzellaute etwas völlig anderes ist als ein Wortklangbild. Wer den Leseprozeß noch nicht erfaßt hat, für den ist das Hintereinandersprechen von **a** und **m** etwas völlig anderes als das Wörtchen **am.** Bei mehr analytisch ausgerichteten Fibeln werden oft Wörter richtiggehend trainiert. Dies kann zur völlig falschen Einschätzung vom Vorgang des Lesens führen. Manche Kinder glauben dann lange Zeit, Lesenlernen bedeute eben dieses Auswendiglernen von Wörtern. Fremde Wörter können auf diese Weise nicht erschlossen werden, das Lesen wird so nicht gelernt.
Moderne analytische Lehrgänge betreiben aber die Analyse schon sehr frühzeitig, d.h. sie lassen die Kinder die Wörter in ihre Lautstruktur zerlegen. Aber auch hier kann ein bloßes Training ohne Einsicht ziemlich fruchtlos bleiben. Die reine Lautanalyse ist nämlich – auch das wurde schon erwähnt – ein ziemlich schwieriges Unterfangen, da die Stellung im Wort den Individuallaut vom Normallaut abweichen läßt und da die Übergangs- und Gleitlaute ein Isolieren eines Lauts oft sehr erschweren. Wer schon erste Klassen im Lesen unterrichtet hat, weiß, daß es immer einige Kinder gibt, die mit der Lautanalyse lange Zeit völlig überfordert sind. Es gelingt ihnen oft nicht einmal den Anlaut zu erkennen. Allenfalls schaffen sie die Zergliederung eines Worts in Sprechsilben. Wird ihnen jedoch die Einsicht in den Zusammenhang von Lautstruktur und Buchstabenstruktur über ein Laut-Buchstaben-Raster vermittelt, sind die Schwierigkeiten häufig rasch erledigt. Wird rein akustisch der zweite Laut von Mama nicht gehört, dann gelingt dies oft leicht, wenn zum gesprochenen Wort Mama die Buchstabenstruktur **M_ma** vorgegeben wird. Ein rein akustisches Analysetraining erscheint aus diesem Blickwinkel ebenso sinnlos wie das isolierte Üben von Buchstaben.
Gehen Lehrgänge in der einen oder anderen beschriebenen Weise vor, dann ist die Kritik der These nur allzu berechtigt. Den Vorwurf jedoch derartig pauschal

zu formulieren, ist allerdings nicht zu rechtfertigen. Schon seit Mitte der siebziger Jahre gibt es Leselehrgänge, die genau diese Kritik an teilleistungsorientierten Fibeln aufgegriffen und ein völlig neues Konzept dagegengestellt haben.

Hans Vestner hat mit seinem CVK-Lehrgang (VESTNER, 1974, S. 4) den Anfang in der Bundesrepublik gemacht, Gerhard Dathe hat ganz ähnliche Gedanken in seiner „Methodik des Erstleseunterrichts" (vgl. DATHE, 1974) in der DDR vertreten. Zugegebenermaßen haben nur einige neuere Leselehrwerke das Konzept der „Direkten Hinführung zur Buchstabenschrift", das im nächsten Kapitel ausführlicher erläutert werden soll, umfassend verwirklicht, aber deren Existenz beweist die Nichtberechtigung der Verallgemeinerung in Brügelmanns These.

Bei der Auswahl eines Leselehrgangs sollte dies ein zentrales Kriterium sein. Hält ein Lehrgang die Kinder lange Zeit unmündig, indem er sie unverstehbare Einzelfertigkeiten üben läßt, oder versucht er den Kindern vom ersten Wort an und dann immer wieder das Prinzip unserer Schrift zu verdeutlichen, um ihnen auf diese Art und Weise ein selbständiges Weiterlernen zu ermöglichen? Dies bedeutet auch, daß jeder Lesevorgang stets mit Sinnerfassung verbunden sein sollte. Sinnleere Lesetechnikübungen verstellen nicht nur die Sicht auf das Leseprinzip, sondern wirken auch demotivierend. Jeder Akt sinnerfassenden Lesens indes ist kommunikativ, nicht nur das Lesen von Texten, die die Kinder selbst verfaßt haben, wie Spittas These womöglich mißverständlich gedeutet werden könnte. Wer beispielsweise einen kleinen Malauftrag dechiffriert hat, hat die schriftliche Mitteilung als Botschaft des Schreibenden aufgenommen und kann darauf reagieren, indem der Auftrag ausgeführt oder aber auch verweigert wird.

5. Die Einsicht in die Prinzipien der Schriftsprache und der konkrete Erwerb derselben sind nur eigenaktiv möglich. Diese individuellen Aneignungsprozesse sind nicht von außen steuerbar. Sie können nur angeregt und gefördert werden. (BRÜGELMANN, 1992 b)

Dies ist wohl die mißverständlichste These der Fibelgegner, suggeriert sie doch, Lehrprozesse seien in diesem Sektor nicht möglich. Diese Deutung wird leider nahegelegt durch Sätze wie diesen von Hans Brügelmann: „Unser Plädoyer für eine Öffnung des Unterrichts begründet sich nicht nur aus pädagogischen Prinzipien wie Selbständigkeit, Eigenaktivität, Erfahrungsbezug – es ist auch Konsequenz aus der Einsicht in die Unmöglichkeit, Lernen extern zu steuern." (BRÜGELMANN: Fibeltrott: immer bessere – oder immer weniger Krücken? Eine Replik auf Klaus Wagners Verteidigung des Fibellehrgangs, Gegenthese 6, Arbeitspapier 1993)

Natürlich gibt es immer noch keinen Nürnberger Trichter, aber alle Bildungsbemühungen der Menschheitsgeschichte beruhen auf der Anstrengung, das Lernen von Kindern und Heranwachsenden in eine ganz bestimmte Richtung zu lenken und zu beeinflussen. Und es ist wohl kaum zu behaupten, daß die Lernergebnisse unbeeinflußt von diesen Bemühungen blieben. Selbstverständlich findet der eigentliche Lernprozeß ausschließlich im Lernenden selbst statt und hängt größtenteils von dessen Verarbeitung ab. Es kann aber wohl nicht abgestritten werden, daß die Aneignungsprozesse zum großen Teil von den Erfahrungen abhängen – und diese sind organisierbar. Kein Mensch kommt doch auf die absurde Idee, einem Kind theoretisch den Sprache-Schrift-Zusammenhang erklären zu wollen, aber es sollte auch niemand auf die Idee kommen, auf die erforderlichen Einsichten zu warten. Das von manchen so propagierte Modell des „natürlichen Lernens" läuft doch oft auch in der Kleinkindentwicklung nicht so, wie uns manchmal weißgemacht werden soll. Die besonders gute Entwicklung von Kindern in einem Elternhaus, das sich bewußt erzieherisch um die Kinder kümmert, unterscheidet sich deutlich von der in Familien, in denen die Kinder mehr sich selbst überlassen bleiben. Die besseren Lernfortschritte der geförderten Kinder lassen sich wohl kaum ausschließlich biologisch erklären. Und nicht alles, was diese Kinder vor Schuleintritt gelernt haben, haben sie sich ohne gesteuerten Außeneinfluß angeeignet. Vieles ist ihnen erklärt und/oder vorgemacht worden. Nichts anderes versucht aber der Unterricht in der Grundschule. Den Kindern wird erklärt und vorgemacht. Sie können das Vermittelte nachvollziehen und an anderen Beispielen ausprobieren und überprüfen.

Nicht immer gelingt das Nachvollziehen schon beim ersten Mal, und der Transfer dauert gelegentlich recht lange. Dafür sind biologische wie soziokulturelle Voraussetzungen maßgeblich. Die Aufgabe der Lehrerin besteht nun darin, herauszufinden, wodurch die Aneignungsprozesse behindert werden, und darin, dem Kind über diese Schwierigkeiten zu helfen. Ob ich dies nun als Steuerung der Lernprozesse oder als Anregung und Förderung bezeichne, halte ich für Sophisterei. Wesentlich ist, wie erfolgreich die Lernprozesse ablaufen. Und dafür ist in hohem Maße das Geschick der Lehrerin verantwortlich. Ihr Geschick aber kann durch einen guten Leselehrgang wesentlich unterstützt werden.

Wohin das mangelnde Vertrauen in die pädagogischen Möglichkeiten führen kann, möge wieder ein Beispiel veranschaulichen. Viele Kinder haben sich durch vorschulische Schrifterfahrungssituationen die Vorstellung einer Bilderschrift angeeignet. Tagtäglich konfrontiert mit den Ikonen der Werbung und der Medien, sind sie in der Lage, Zeichen und Zeichenketten unmittelbar Bedeutungen oder Wörter zuzuordnen. Die Muschel der Benzinfirma Shell und

der Schriftzug ARAL werden auf gleiche Weise als „Schrift“ interpretiert und adaptiert. Begegnen nun Kinder mit diesem kognitiven Konzept von Schrift einem Erstleseunterricht, in dem Wörter auswendig gelernt werden sollen, dann wird ihre vorschulische Sichtweise noch verstärkt. Die Folge kann sein, daß diesen Kindern durch diese Fehlinterpretation das lautlich-strukturierte Erlesen stark erschwert wird, das zum Lesenlernen aber unbedingt durchlaufen werden muß. Ähnliche Verstärkungseffekte einer falschen Schrift-Interpretation können auch schon durch das intensive Üben immer der gleichen Wörter in immer den gleichen Satzstrukturen hervorgerufen werden.
Die Vertreter des Spracherfahrungsansatzes haben zum Credo erhoben, jedem Kind die ihm gemäßen Zugänge zum Lesenlernen zu ermöglichen und zu erweitern. Kinder mit der Vorstellung der Bilderschrift werden aus dem umfangreichen Materialangebot des Offenen Unterrichts vielleicht am ehesten auf Bild-Wort-Memories oder ähnliches zurückgreifen, das ihrer Lesedeutung entspricht. Sie können dadurch sicherlich zu einem recht umfangreichen Merkwortschatz gelangen. Das Lesen unbekannter Wörter schaffen sie aber mit dieser Strategie nicht, und auch ihre Verschriftungsmöglichkeiten bleiben sehr eingeengt.
Der Erwerb der erforderlichen sprachanalytischen Fähigkeiten kann und darf aber nicht dem Zufall überlassen bleiben, sondern läßt sich durch geeignete Aufgabenstellungen und Übungen fördern. Jeder Leselehrgang und jeder Offene Unterricht muß sich daran messen lassen, wie effektiv die Aneignung der notwendigen Einsichten unterstützt wird.

6. **Fibellesen ist eine entfremdete Tätigkeit. Es hat nichts mit dem wirklichen Leben der Kinder zu tun. Man müsse es machen, weil es einem auferlegt werde. (Spitta, 1988, S. 11 ff.)**
   Kinder haben keine Wahl bei den Fibeltexten. (Balhorn, 1991/92)
   Die vielen Alternativen gleichen sich letztlich doch und passen eigentlich nie zu den Schülern. (Balhorn, 1991/92)

Daran ist viel Wahres. Aber die Feststellung läßt sich auf das meiste übertragen, was in der Schule stattfindet. Nun kann man in einer hochentwickelten Gesellschaft schwerlich den Anspruch an Schule erheben, sie dürfe nur das den Kindern abverlangen, was für sie jeweils eine aktuelle Bedeutung habe, für sie augenblicklich interessant sei. Dann bliebe für viele Kinder wohl vieles außen vor. Zudem entwickelt sich Bedeutsamkeit ja häufig erst in einer Auseinandersetzung mit etwas Neuem. Dies soll natürlich nicht einem alten Paukunterricht das Wort reden – die Intention dieses Buches, vor allem auch in seinen praktischen Vorschlägen, belegt das Gegenteil – aber es sollte auch klar sein, daß nicht jede Begegnung mit zunächst Uninteressantem ausgeschlossen werden darf.

Entscheidend an diesem Kritikpunkt ist jedoch das Anprangern des Fibellesens an sich. Wird darunter die Lesetechnik-Übung verstanden, die den Schwerpunkt des traditionellen Erstleseunterrichts ausgemacht hat und die zu der zutreffenden Verurteilung als „Fibeltrott" geführt hat, dann kann dem nur zugestimmt werden. Diese Form der Leseübung sollte endgültig aus den Schulstuben und Kinderzimmern verbannt werden. Das „Üben" eines Textes zur Steigerung der Lesegeläufigkeit und -sicherheit tötet jede eventuell vorhandene inhaltliche Bedeutsamkeit. Diese Technikübung führt zudem bei noch nicht sicher ausgebildetem lautorientiertem Lesen zur Strategie des Auswendiglernens und damit weg vom eigentlichen Lesen. Wenn dann noch ein und derselbe Text mehrmals vorgelesen wird, dann sind bloßes Nachplappern und Motivationsverlust unausweichlich. Dazu kommt die extreme Belastung der Vorlesesituation für schwache Leser. Sie mühen sich um die Wiedergabe des Textes und stellen dabei die Geduld der anderen auf eine harte Probe. Nicht immer bleibt dies ohne negative Rückmeldung. So macht man aus Lesen eine Beschäftigung, die gemieden wird, so gut es nur geht. Ähnliches gilt auch für den Lesedrill im Elternhaus. Sollen im Erstunterricht Texte als Hausaufgabe bis zum geläufigen Vorlesen „gelernt" werden, wird die Beschäftigung zur Last. Dabei sollte Lesen doch Lust erzeugen, so jedenfalls erzählt es die Lehrerin immer wieder.
Konsens also in der Verurteilung des Fibellesens als Lesetechnik-Übung. Wozu dient dann die Fibel? In fast allen Leselehrgängen wird sie benutzt, um an Hand eines bestimmten Inhalts, zumeist aus der Erfahrungswelt der Kinder, einen neuen Buchstaben einzuführen und zu „üben". Am Text wird oft der Buchstabe analysiert und zur Entschlüsselung des Inhalts lesend verwendet. Meist beschäftigt man sich dann noch ein wenig mit dem Thema der Fibelseite, ansonsten geht man aber zu weiteren Übungen in Arbeitsheft oder Zusatzmaterialien über. Auch dies spricht nicht gerade für den Einsatz einer Fibel, zumal den meisten Texten ihre Absicht, nämlich die Buchstabeneinführung, allzudeutlich anzumerken ist. Da rollen rote Roller oder in der Nacht macht Michaela Licht usw. Als Alternative stehen zur Auswahl: Verzicht auf Bücher zum Lesenlernen und Verwendung von Kinderbüchern, ohne Berücksichtigung des Buchstabenaufbaus eines Lehrgangs. Das Zweite stellt sehr hohe Anforderungen. Für viele Kinder sind Bücher lange Zeit im Erstunterricht nicht verwendbar zum Selbst-Lesen, auch wenn sie das Lese-Prinzip erfaßt haben, da sie bei weitem noch nicht alle Buchstaben beherrschen. Es läuft also wie bei der ersten Alternative im Erstleseunterricht für viele Kinder auf einen weitgehenden Verzicht auf Bücher hinaus. Und dies ist ein Mangel, den auch Kinder empfinden. Sie wünschen sich ein eigenes Buch zum Lesenlernen, wenn sie zur Schule kommen.

Wie müßte eine solche Alternativ-Fibel aussehen? Sie sollte alleine schon durch eine ansprechende und differerenzierte Illustration, die eine eigenständige Auseinandersetzung ermöglicht, zur Beschäftigung mit dem Buch anreizen. Sie sollte selbständig zu bewältigen sein, d.h., mit dem Verlauf des Leselehrgangs sollten die Kinder die Texte alleine erlesen können. Dies setzt voraus, daß der Buchstabenaufbau, zumindest in der ersten Phase, analog dem Leselehrgang verläuft. Ihr Leselernbuch erschließen sich demnach die Kinder im Laufe der Zeit erlesend selbst. Die Bezüge zum Unterricht geschehen nicht durch die genannten motivationstötenden Übungen, sondern durch inhaltliche Bezüge, die auf vielfältigste Weise hergestellt werden können (z.B. Vorlesegeschichten zum Fibelthema, Poster, Spiele, Lieder, Gedichte usw.). Ideal wären verschiedene derartige Bücher mit dem gleichen Anfangs-Buchstabenaufbau, damit unterschiedliche Interessen der Kinder Berücksichtigung finden könnten. Dies scheitert aber an der Finanzierbarkeit. Also doch eine Unterwerfung der Kinder? Hält ein Erstleseunterricht die Kinder am engen Gängelband der Fibelausrichtung, dann trifft dies wohl zu und wäre nicht zu rechtfertigen. Geht aber ein Leselehrgang so vor, daß er die Kinder rasch zur Fähigkeit des selbständigen Erlesens führt, dann erschließt er den Kindern das ganze faszinierende Spektrum der Kinderliteratur. Zur Ermöglichung dieses Zugangs kann aber eine Fibel einen positiven Beitrag leisten.

7. **Kinder erwerben die Schriftsprache relativ ähnlich, wenn man ihnen nur den Umgang mit Schrift ermöglicht. Sie durchlaufen beim Annähern an die Schrift ganz bestimmte Stufen. Lehrgänge nehmen auf den Stand des Schriftspracherwerbs keine Rücksicht. Sie interpretieren die Zugangswege der Kinder als Fehler oder Umwege. (Spitta, 1988, S. 11 ff.)**

Die Stufenmodelle des Schriftspracherwerbs fußen hauptsächlich auf den Untersuchungen von Frith aus dem angelsächsischen Raum. Deren Bedeutung für den Schriftspracherwerb im Deutschen wird durch neuere Vergleichsuntersuchungen zu unterschiedlichen Sprachräumen relativiert.

„Demnach sollte der Schriftspracherwerb ebenso wie eine Ausrichtung der Instruktion nach englischen Stufenmodellen als ein Spezifikum der englischen Orthographie betrachtet werden. Ihre Übertragbarkeit auf den deutschsprachigen Schriftspracherwerb und erst recht ihre Umsetzung in eine lehrgangsmäßige Stufung des Anfangsunterrichts ist nachdrücklich in Frage zu stellen." (Wimmer/Klampfer/Frith: Lesenlernen bei deutschen und englischen Kindern. In: Balhorn/Brügelmann (Hrsg.), 1993, S. 329)

Kinder mit logografischem Zugriff müssen in der Tat ihre Vorstellung von Schrift umbauen, wenn sie lesen und schreiben lernen wollen. Darin hat sie der Erstunterricht zu unterstützen, ob mit oder ohne Fibel. Die spätere orthografi-

sche Strategie, die direkte Sinnentnahme ohne den Umweg über die Lautung der Wörter kann sinnvoll erst auf der Beherrschung des lautierenden Lesens aufbauen.
Grundsätzlich aber ist zu bedenken, daß viele der untersuchten Zugriffsweisen bereits Ergebnisse unterrichtlicher Einflüsse darstellen. Wollte man zu aussagekräftigen Schlüssen gelangen, müßte man die Zugriffsweisen in Abhängigkeit von Unterrichtseinflüssen untersuchen. Dies ist aber nicht geschehen, und wenn, dann so ungenau, daß die gezogenen Schlüsse fragwürdig sind. So hat M. Dehn in ihrem Buch „Zeit für die Schrift" die Bezüge zu zwei verwendeten Leselehrgängen untersucht. Dabei bezeichnet sie die „Bunte Fibel" als stark synthetisch ausgerichtet und leitet davon Aussagen über die Einflüsse von Lehrgängen auf die Zugriffsweisen der Kinder ab. Sie hat aber völlig übersehen, daß die Kinder in der Praxis durch den methodischen Aufbau dieses Lehrwerks womöglich zum Lesen als Ganzwort-Speichern verleitet werden, weil durch geringen Steilheitsgrad immer wieder die gleichen Wörter geübt werden.
Etwas völlig anderes stellen die unterschiedlichen Zugriffsweisen dar, die auf einem Erfassen der Buchstabenschrift beruhen (lautierendes, synthetisierendes Erlesen / silbenweises Erlesen / lautierendes Erlesen von Wortteilen mit Erraten des Worts durch Kontexterwartung / orthografisches Erlesen mit Lautierungskontrolle ...). Das alles hat seinen Stellenwert im Leselernprozeß und muß mit oder ohne Fibel den Kindern zur Verfügung gestellt werden. Die Voraussetzung ist das Erfassen des Prinzips der Buchstabenschrift.

8. Schreiben in Fibellehrgängen läßt die Kommunikation außer acht und beschränkt sich auf die Schreibtechnik. (Spitta, 1988, S. 11 ff.)

Dies unterstellt Fibellehrgängen das Ausschließen kommunikativer Schreibsituationen. Das jedoch trifft für fast alle neueren Fibeln nicht mehr zu. Allerdings sind auch hier die Anregungen der einzelnen Lehrgänge sehr unterschiedlich. Werden tatsächlich echte kommunikative Schreibanlässe geboten, oder wird lediglich eine Variation von geübten Fibelsätzen nahegelegt? Grundsätzlich ist das Argument jedoch zurückzuweisen, da selbstverständlich kein Fibellehrgang das kommunikative Schreiben ausschließt. Einige Lehrgänge fordern zur Herstellung von Klassenbüchern zu bestimmten Themen ebenso auf wie zum Briefeschreiben in der Klasse und klassenübergreifend, zur Auseinandersetzung mit Fibelinhalten und -figuren, zum Weiterentwickeln der Fibelwelt usw.
Die in der These versteckt enthaltene Annahme, vor allem das „Lesen durch Schreiben" ermögliche kommunikative Schriftäußerungen, berücksichtigt nicht die methodischen Probleme dieses Ansatzes, die schon angesprochen wurden.

9. **Da Fibeln nicht an die Vorkenntnisse der Kinder anschließen, wird durch das Üben und Lernen von Buchstaben und Wörtern nicht eine Strategie des Erlesens, sondern des Wiedererkennens nahegelegt. (BALHORN, 1991/92)**

Dies ist ein bedeutsames Argument, das in der Tat auf die allermeisten Leselehrgänge zutrifft. In der Regel gehen Lehrgänge sehr kleinschrittig vor. Es wird im Buchstabenaufbau langsam vorangegangen. Die wenigen eingeführten Buchstaben werden mit immer den gleichen Wörtern und Sätzen ausführlich trainiert, so daß die Strategie des Wiedererkennens nahegelegt wird.

„Fibeln entsprechen durch die reduktion auf wörter aus eingeführten buchstaben und die wiederholung immer desselben dieser strategie des wiedererkennens und stützen sie durch bilder. Sie gehen nicht aus von dem, was kinder an buchstaben schon können – in der regel nicht einmal durch eine nutzung der vorliebe für großbuchstaben –, sondern führen schrittweise irgendwelche ein, um auf der stelle dieses eingeführten zu treten. – Das anschmiegen an kindliche strategien kann nicht funktion von lehre sein, wenn die strategie – das wiedererkennen – in die sackgasse führt. Der strategie des kontextdeutens fehlt ihr komplement: das er-lesen. Lehre darf sich deshalb nicht anschmiegen, sondern muß gegensteuern." (BALHORN, 1991/92, S. 15)

Dieses Gegensteuern versuchen vor allem die Leselehrgänge, die den Kindern die Einsicht in das Prinzip der Buchstabenschrift vermitteln wollen. Sie verzichten auf dieses Anschmiegen, sie zeigen den Sprache-Schrift-Zusammenhang an immer neuen Wörtern auf und bieten einen hohen Steilheitsgrad, d.h. sie gehen rasch vorwärts und verlangen schnell das Erlesen unbekannter Wörter und Sätze. Wird mit solchen Lehrgängen gearbeitet, bekommt die Lehrerin oft schon nach wenigen Wochen Berichte erstaunter Eltern zu hören, daß ihre Kinder ihnen Wörter und Sätze aus der Zeitung vorläsen. Bieten diese Lehrgänge, wie allerdings nur ganz wenige, zudem noch die Möglichkeit der vollständigen Differenzierung, dann steht dem völlig eigenaktiven Lernen nichts mehr im Wege. Balhorns These ist inhaltlich voll zuzustimmen, nur trifft sie nicht auf alle Fibellehrgänge zu.

10. **Der Buchstabenaufbau der Fibeln erscheint oft beliebig. (BALHORN, 1991/92)**

Dies ist wohl auch so. Für das Verständnis des Prinzips unserer Schrift ist es im Grunde gleichgültig, welcher Buchstabenaufbau gewählt wird. Um möglichst rasch zum Erlesen sinnvoller Texte zu kommen, sind aber doch bestimmte Auswahlkriterien gegeben. So wird man nicht gerade mit den seltenst verwendeten Buchstaben beginnen, und die Vokale braucht man auch sehr früh. Aber da fangen oft die Probleme von Fibelautoren an. Ausgerechnet die Vokale, ohne die

kein Wort auskommt, sind wegen ihrer nicht eindeutigen Phonem-Graphem-Korrelation schwierige Buchstaben. Deshalb neigen z.B. die meisten Fibelschreiber dazu, das **E e** möglichst spät einzuführen, da ihm sehr viele verschiedene Klänge zugeordnet sind. Man fängt oft mit Buchstaben an, die relativ eindeutige Laut-Zeichen-Beziehungen aufweisen. Mitunter blendet man gar bei Vokalen zunächst die kurze, offene Klangversion aus. Dies kann bei einigen Kindern zu erheblichen Verunsicherungen führen. Das Erfassen unserer Buchstabenschrift wird durch diese scheinbaren Erleichterungen womöglich stark erschwert. Wenn die Kinder lediglich die sogenannten Normallaute von Buchstaben kennenlernen und nicht von Anfang an damit vertraut gemacht werden, daß die Buchstabenklänge in Wörtern allenfalls Ähnlichkeiten mit diesen Normallauten aufweisen, ja oft stark davon abweichen, dann wird ihnen oftmals sowohl die Analyse als auch die Synthese unmöglich gemacht. Leselerner müssen von Anfang an mit der Eigenschaft unserer Schrift vertraut werden, daß die Abfolge von Einzelklängen lediglich Hinweise auf Wortklangbilder liefert und daß diese beiden Klangstrukturen keineswegs identisch sind. Die Unterschiede in den Stellungslauten zu erkennen und das Abstrahieren der Phoneme aus den sie umgebenden Gleit- und Übergangslauten sind notwendige Leistungen für das Lesen und Schreiben. Man kann dieses Problem nicht ausblenden, will man kein falsches Bild unserer Schrift vermitteln.
Also auch in dieser scheinbar nebensächlichen Frage verbergen sich grundsätzliche Unterschiede in den Konzepten von Leselehrgängen. Wer Kinder rasch zum selbständigen Lesenlernen führen will, muß darauf achten, daß sie frühzeitig und umfassend mit den Schwierigkeiten unserer Schrift vertraut gemacht werden. Dazu gehört auch die Berücksichtigung von Doppelkonsonanten und mehrgliedrigen Graphemen. Das Hintanstellen von Schwierigkeiten vermittelt womöglich ein irriges Bild unserer Schrift und führt Kinder auf falsche Geleise. Wird einem Kind, das das Leseprinzip im Grunde erfaßt hat, nicht klar, daß beim Lesen eines **tt** nicht doppelt mit der Lautung angesetzt wird oder daß das **t** durch die Dopplung nicht länger klingt, dann wird das Kind bei selbständigen Leseversuchen womöglich scheitern und verunsichert werden. Ähnliche Überlegungen müssen auch angestellt werden, wenn ohne eine Fibel gearbeitet wird.

2.2. Eine These gegen den Offenen Unterricht

An Hand der fibelkritischen Thesen wurden zentrale Fragestellungen des Unterrichts zum Schriftspracherwerb aufgeworfen, die sowohl lehrgangsgeleiteten als auch individualisierten Unterricht betreffen. Es sollte gezeigt werden, daß es weniger auf die Frage „Mit oder ohne Fibel?“ ankommt als vielmehr auf die konkreten Unterrichtsprozesse. Dies gilt auch für die Argumente der Fibelbefürworter, die gegen den Offenen Unterricht vorgebracht werden. Der größte Teil dieser Aussagen wurde in den Erörterungen über die 10 Thesen gegen den Fibelunterricht bereits mit dargestellt. Eine gewichtige Kritik am Offenen Unterricht sei hier hinzugefügt.

Individualisierter Unterricht erschwert soziales Lernen.

Das Problem muß jedem, der mit offenen Formen arbeitet, ständig bewußt bleiben. Viele Lehrerinnen beobachten seit Jahren, daß immer mehr Kinder mit Einordnungsschwierigkeiten in die Schule kommen. Ausgeglichene, zufriedene Kinder werden, zumindest in einigen Regionen, immer weniger. Die Anzahl der Einzelkinder ist gewachsen, das Durchsetzen schon im Kindergartenalter wird von etlichen Eltern mit höherer Priorität belegt als das Sich-Anpassen an andere. Wagner (K. WAGNER: Zwischen Fibel-Gleichschritt und individuellen Lernspüngen: 6 Thesen zur Methodendiskussion beim Lese- und Schreibanfang. Arbeitspapier S. 2-4) weist zu Recht darauf hin, daß entwicklungspsychologisch das Schuleintrittsalter in die Phase der rollengebundenen Identität fällt.

„In seiner Welt kommt es zu einer Differenzierung zwischen dem Besonderen (individuelle Subjekte als gemeinsame Akteure in konkreten Handlungen) und dem Allgemeinen (Rollenträger handeln nach Normen). Die Interaktion wird auf (dieser, Einfügung W.M.) Stufe durch generalisierte Verhaltenserwartungen (Normen) gesteuert, was zu rollengebundenem Handeln führt."
(WAGNER, S. 3)

Die Entwicklung der Ich-Identität mit der kritischen Auseinandersetzung mit den eingenommenen Rollen beginnt erst mit der Pubertät. Kinder der ersten Klassen sind also in ihrer sozialen Entwicklung primär darauf angewiesen, Rollenerwartungen zu begegnen und entsprechende Anpassungsprozesse zu bewältigen. Dies bedeutet ja keine Leugnung kindlicher Individualität, es zeigt aber den Schwerpunkt der Sozialisationsbemühungen dieser Altersstufe an.

Ein individualisierter Unterricht kommt dem aber nicht unbedingt entgegen. Im Offenen Unterricht kann das einzelne Kind sich weit stärker an seinen eigenen Bedürfnissen orientieren, als dies im arbeitsgleichen Vorgehen der Fall wäre. Da muß man nicht unbedingt auf langsamere Lerner Rücksicht nehmen, man kann nach seinem Tempo vorgehen und sich im Rennen um die besten Plätze entsprechend gut behaupten. Um diese Gefahr muß man wissen, wenn man individualisierenden Unterricht anbietet.

Die Gruppe darf bei allem Eingehen auf persönliche Lernwege, Voraussetzungen, Interessen und individuelles Lerntempo nicht aus den Augen verloren werden. Das Sich-Aufeinander-Beziehen wird erleichtert durch Unterrichtsphasen, die eine gemeinsame Beschäftigung, einen inhaltlichen Bezugspunkt in den

Mittelpunkt stellen. Diese Ausrichtung auf ein Thema bringt verschiedene Möglichkeiten und Forderungen für die einzelnen Kinder mit sich. Die Konfrontation mit Inhalten, denen man sich eigenaktiv im Augenblick vielleicht nicht genähert hätte, kann für jedes Kind positive und negative Aspekte beinhalten. Bei manchen mögen Desinteresse und Langeweile überwiegen, bei anderen kann hohe Motivation vorliegen, bei wieder anderen wird aus anfänglicher Abneigung Aufmerksamkeit und gespannte Mitarbeit erwachsen und und und. Die Kunst des Schulmeisters im traditionellen, arbeitsgleichen Unterricht bestand darin, möglichst viele für einen Unterrichtsgegenstand zu interessieren, ja zu begeistern. Gelang ihm das, dann wurden vielen Kindern durch diese zunächst unfreiwillige Beschäftigung neue Einsichten, Interessen, ja, neue Welten eröffnet.

Kaum ein individuelles Arbeitsmittel und auch nicht die Beschränkung auf die kommunikativen Bedürfnisse der Kinder können diese Möglichkeiten einer guten Lehrerin ersetzen. Konterkariert wurde die faszinierende Chance des Schulmeisters, den Kindern neue Welten zu erschließen, durch die Verknüpfung mit der anderen Aufgabe von Schule, dem Vermitteln von Grund-Kulturtechniken. Daß dies bei den vorhandenen, oft extremen Unterschieden zwischen den Kindern im arbeitsgleichen Unterricht wesentlich uneffektiver und weniger motivierend gelingt, hat zur berechtigten Forderung nach Differenzierung und Individualisierung geführt. Gerade im Erstleseunterricht hat der gemeinsame „Fibeltrott“ oft mehr Aversionen gegen Schriftsprache hervorgebracht als Freude am Lesen und Schreiben. Zudem entsprachen die erbrachten Leistungen nur selten den Möglichkeiten der Kinder.

Daraus nun aber die Forderung nach einer kompletten Loslösung vom arbeitsgleichen Unterricht zu ziehen, hieße, dessen Vorzüge sträflich zu verkennen. Die genannten zwei Grundaufgaben von Schule, Kinder zugleich für die vielfältigsten Inhalte zu interessieren und ihnen das Lesen, Schreiben und Rechnen sicher beizubringen, weisen eigentlich klar den zu begehenden Weg. Individualisierung hilft vor allem beim Erwerb der Kulturtechniken. Sie schafft die besten Voraussetzungen für jedes einzelne Kind. Sie geht auf seine Voraussetzungen, seine Interessen und sein Arbeitstempo ein; sie ermöglicht ein hohes Maß an Selbstkontrolle und trägt damit zum Aufbau einer selbstbestimmten Lernhaltung bei.

Bei der Gestaltung des differenzierten Unterrichts ist aber darauf zu achten, daß durch Partner-, Gruppen- oder Klassenarbeitsphasen die Rücksichtnahme auf die Mitschüler nicht zu kurz kommt. Schnelle Lerner sollten ihren Vorsprung nicht grenzenlos erweitern können. Ihre Verantwortlichkeit gegenüber denen, die Schwierigkeiten haben, sollte angemahnt und ermöglicht werden. Sie können oft besser erklären als die erwachsene Lehrerin, weil sie den Lernprozeß,

bei dem der langsame Lerner Probleme hat, soeben selbst durchlaufen haben. Ihre Sprache ist einfacher und mitunter verständlicher. Sie können reine Kontrollaufgaben übernehmen oder Aufgaben stellen, sie können Tips geben oder auch nur geduldig einen Lösungsversuch abwarten. Langeweile zu ertragen ist auch ein Lernziel. Diese Rücksichtnahme auf die anderen verlangt sehr viel von den schnellen Lernern. Man darf sie dabei nicht überfordern und muß ihnen immer wieder die Zügel freigeben, damit sie ihren eigenen Zielen nachgehen können. Man darf sie aber auch nicht aus der Verantwortung für die Gruppe entlassen. Zum sozialen Lernen im differenzierenden Unterricht gehört auch, bei allen Aktivitäten darauf zu achten, daß die Mitschüler und Mitschülerinnen in Ruhe arbeiten können. Gerade der Offene Unterricht mit seinen vielfältigen Beschäftigungen birgt ein hohes Unruhepotential in sich. Durch kluge Organisation der Materialbereitstellung, gute Schulung der Arbeitstechniken und Training der Arbeitsabläufe kann von seiten der Lehrerin einiges zu einem übersichtlichen, ruhigen Geschehen getan werden. Die Erziehung zu Ruhe und Rücksichtnahme gehört ebenfalls von Anfang an dazu.
Im arbeitsgleichen Klassenunterricht sind diese äußeren Bedingungen zunächst oft leichter zu schaffen. Von alleine stellen sie sich aber auch dort nicht ein. Gemeinsame Spiele und Übungen zur Entspannung, zur Erfahrung von Körperkontakt und gewaltfreier Konfliktlösung, Rollen- und Interaktionsspiele üben ein Miteinander, das den Kindern das Ideal des Rollenhandelns in der Schule erlebbar nahebringt. Dieses soziale Lernen kann durch die intensive Beschäftigung mit einer Fibelwelt unterstützt werden. Die Kinder arbeiten nicht nur vereinzelt oder in kleinen Gruppen, sondern tauschen sich in der Großgruppe Klasse über die Fibelinhalte aus. Sie erfahren andere Sichtweisen von Mitschülern und erleben andere Umgehensweisen damit. Gleichzeitig werden ihnen, z.B. im gemütlichen Kuschelkreis beim Lauschen einer Fibel-Vorlesegeschichte, Gemeinschaftserlebnisse ermöglicht, die das Miteinander-Umgehen beeinflussen. Die in der Fibelwelt dargestellten sozialen Beziehungen und die Erlebnisse der Fibelakteure stellen Verhaltensmuster dar, an denen die Kinder ihre eigenen Sozialerfahrungen reflektieren und messen können. In Rollenspielen, Briefen, Geschichten, Bildern etc. können die Kinder diese Auseinandersetzungen realisieren.
Sicherlich lassen sich in einem lehrgangsunabhängigen Unterricht auch die erforderlichen arbeitsgleichen Beschäftigungen durchführen. Die Vorgabe gut durchdachter, motivierend aufgearbeiteter Verlagsmaterialien kann dies aber erheblich vereinfachen. Ohne fertige Materialien ist das Einleben in eine eigene Erlebniswelt des Erstleseunterrichts kaum zu bewältigen. Ansprechend illustrierte Fibeln, die zum Beobachten, Entdecken, Darüber-Sprechen, Lesen, Spielen, Schreiben usw. anregen, dazu passende Vorlesegeschichten, Basteleien,

Spiele, Lieder, Gedichte usw., die den Kindern die Identifikation mit den Figuren der Fibelwelt ermöglichen, können kaum in Eigenarbeit eines einzelnen Lehrers erstellt werden. Wenn Balhorn schreibt (BALHORN, 1991/92), das soziale Lernen hänge nicht von den Medien, sondern vom Unterricht ab, dann übersieht er, daß das zur Verfügung stehende Material den Unterricht erheblich beeinflußt.

2.3. Und was sagt die Empirie?

Bei dem Streit um die Frage „Mit oder ohne Fibel?“ wurde hauptsächlich mit der Klinge der Plausibilität gefochten. Empirische Belege wurden in der Regel nicht erbracht. Meist wurden Untersuchungsergebnisse und Theorien aus anderen Disziplinen auf das Lesen- und Schreibenlernen übertragen, ohne daß überprüft wurde, ob die daraus gewonnenen Schlüsse auch wirklich zutreffen. Sucht man nach Forschungen, die den behaupteten Vorzug eines lehrgangsfreien Unterrichts nachprüfbar belegen, so stößt man zumindest für den deutschen Sprachraum ins Leere. Man muß sich mit Untersuchungen begnügen, die eigentlich von einer anderen Fragestellung ausgehen, die aber Aspekte zum Thema erhellen. Völlig im dunkeln tappt man, wenn es um den Qualitätsvergleich von Leselehrgängen geht. Dies liegt nicht unbedingt an den Leseforschern. So haben Brügelmann und Söhnen (BRÜGELMANN/SÖHNEN, 1981, S. 14-18) seit 10 Jahren versucht, Verlage und die Kultusministerien für eine empirische Untersuchung des Anfangsunterrichts zu gewinnen. Resonanz gleich null.
Einer der wenigen, der seinen eigenen Lehrgang empirisch überprüft hat, ist Hans Vestner. Er hat Schulklassen, die mit seiner Methode (Direkte Hinführung zur Buchstabenschrift) unterrichtet wurden, verglichen mit Klassen, bei denen die Ganzheitsmethode Anwendung fand (vgl. VESTNER, 1974, S. 17). Mit dem CVK-Lehrgang erreichten 84 % bis 95 % aller Kinder das Testkriterium; im ganzheitlichen Unterricht lag die Streubreite zwischen 40 und 84 %. Auch die günstige Auswirkung der Vestner-Methode auf die Rechtschreibleistungen im 2. Schuljahr wurde belegt (vgl. VESTNER/WEBER, 1972). Die Rechtschreibvergleichsuntersuchungen „Ost-West-LdS (Lesen-durch-Schreiben)“ (vgl. BRÜGELMANN/LANGE/SPITTA, 1992; vgl. MAY, 1992) geben für die Frage nach der Effizienz des Erstunterrichts und deren Bedingungsfaktoren nur wenig her. So beinhaltet die LdS-Stichprobe eine Auswahl von Lehrerinnen, die freiwillig und eigenaktiv an der Erhebung teilgenommen haben, und stellt so eine „eher positive Selbstauslese engagierter und pflichtbewußter Kolleginnen dar aus der ohnehin über dem Durchschnitt engagierten Auswahl der LdS-Lehrerinnen“ (BRÜGELMANN, 1992 a, S. 16).

Die in der Untersuchung festgestellte deutliche Überlegenheit der Ex-DDR-Kinder im Diktat am Ende des 1. Schuljahrs muß ebenfalls nicht (nur) auf der verwendeten analytisch-synthetischen Leselehrmethode beruhen, sondern kann ganz einfach im wesentlich umfangreicheren Deutschunterricht oder im gezielten Grundwortschatztraining begründet liegen. Die enorme Streubreite innerhalb der Bremer Klassen (36 bis 88 % richtig geschriebener Wörter) zeigt, daß Effizienzuntersuchungen wesentlich differenzierter angelegt sein müßten, damit man zu verwertbaren Ergebnissen gelangen kann.

Die Notwendigkeit einer genauen Lernprozeßforschung wird auch aus der Längsschnittsuntersuchung von S. Richter deutlich, die bei der Suche nach prognoserelevanten Lesevoraussetzungen herausfand: „Der Unterricht entscheidet über den Einfluß der Vorerfahrungen auf den Lernerfolg." (RICHTER, 1983, S. 293) Wie der erfolgreiche Unterricht aussah und welche Faktoren den Erfolg bestimmten, wurde leider nicht dargestellt. Darauf aber käme es gerade an.

H. Brügelmann hat Untersuchungsergebnisse zusammengefaßt, die mögliche Prädikatoren für erfolgreiches Lesen- und Schreibenlernen darstellen (BRÜGELMANN, 1987). Danach haben die in jüngster Zeit wieder in den Vordergrund gerückten basalen Wahrnehmungsfähigkeiten die geringste Bedeutung für erfolgreiches Lesenlernen (10 %). Den stärksten Einfluß auf späteren Erfolg beim Lesen haben Aufgaben zu Einsichten in Aufbau, Funktionen und Konventionen der Schriftsprache (60-75 %). Dies stärkt unsere Forderung, die Einsicht in das Prinzip unserer Buchstabenschrift in den Mittelpunkt des Erstunterrichts zu stellen.

Untersuchungen aus den USA, die auf Grund der wesentlich komplizierteren Laut-Zeichen-Korrelationen eigentlich eher den ganzheitlichen Zugriff als vorteilhaft erwarten ließen, zeigen die Bedeutung phonologischer Bewußtheit und die Wirksamkeit phonologischen Trainings. Eine Zusammenschau der Forschungsergebnisse liefert M. J. Adams, deren umfangreiches Buch leider nicht in deutscher Sprache vorliegt. H. Brügelmann hat eine Zusammenstellung der wichtigsten Befunde und Argumente durch Stahl/Osborn/Lehr übersetzt und kommentiert (BRÜGELMANN, 1993).

Nur einige wichtige Befunde können hier zusammenfassend dargestellt werden.

- Leistungen in Wahrnehmungstests, die nicht auch sprachliche Fähigkeiten oder schriftbezogenes Können fordern, scheinen keine Bedeutung für den Erfolg beim Lesenlernen zu haben.
- Bedeutsame Indikatoren für die spätere Leseleistung sind
  - die Fähigkeit, Buchstaben erkennen zu können,
  - die Einsicht, daß die Lautsprache aus einzelnen Phonemen besteht,
  - das Verständnis von Aufbau und Funktion der Schrift.

- Vor dem Beginn systematischen Unterrichts versprechen vor allem Erfolg:
  - regelmäßiges Vorlesen, wenn es Gespräche mit den Kindern einschließt,
  - gezieltes Hinführen zu den Sprachelementen Wort, Silbe, Buchstabe, Laut durch Begegnung mit geschriebener Sprache, direkte Unterweisung, Aktivitäten, die die Aufmerksamkeit der Kinder für Wörter, Silben und einzelne Laute entwickeln. Die Wirksamkeit von Lautübungen ist besonders groß, wenn Phoneme zusammen mit den jeweiligen Buchstaben geübt werden.
  - frühe Anregung des Druckschreibens.
- Dagegen stellt der Umgang mit Schrift („Spracherfahrungsansatz“) zwar ein ausgezeichnetes Mittel dar, die Aufmerksamkeit der Kinder auf Schrift zu lenken, ist aber weniger hilfreich als primäres Medium des Leseunterrichts selbst.
- Beim Leselehrgang
  - verspricht eine Verbindung einer systematischen Einführung in die Beziehung zwischen Lauten und Buchstaben mit dem Lesen inhaltlich interessanter Texte den besten Erfolg,
  - haben sich Versuche einer Passung zwischen Unterrichtsform und besonderen Wahrnehmungstypen oder -stilen nicht als lernförderlich erwiesen,
  - stellen das Verschriften und vor allem das freie Schreiben große Hilfen dar, sowohl was das Lautbewußtsein als auch das Wissen um Rechtschreibmuster angeht,
  - dienen lesetechnische Aufgaben nicht nur dem lautierenden Erlesen, sondern richten auch die Aufmerksamkeit auf Rechtschreibbesonderheiten in der Buchstabenfolge,
  - kann der methodische Umgang mit Reimen und Anlauten das Lernen häufiger Wortbausteine beschleunigen.

Gewiß lassen sich diese Studien nicht einfach auf unseren Sprachraum übertragen. Es gelten im übrigen ähnliche methodische Vorbehalte wie bei den genannten deutschen Untersuchungen. Dennoch kann aus der Fülle der Forschungen schon ein gewisser Trend abgeleitet werden – und der spricht eine eindeutige Sprache zugunsten eines zielgerichteten, lautorientierten Unterrichts.

Die Kombination qualitativer Forschung, die die individuellen Lernwege aufzeigt, mit gut fundierten, ausreichend differenzierenden Vergleichsuntersuchungen auf einer ausreichenden Stichprobe bleibt leider für den Bereich der Leseforschung im deutschsprachigen Raum noch ein Wunschtraum. Betrachtet man sich das Vorhandene, dann sind allzu weitreichende Folgerungen wohl kaum zulässig. Jedenfalls läßt sich die behauptete Überlegenheit des Spracherfahrungsansatzes ebensowenig empirisch belegen wie das Gegenteil. Die Warnung vor dem schönen Glauben, das Bereitstellen genügend umfangreichen Spracherfahrungsmaterials und das Zeit-Geben für Schrifterfahrungen reiche aus, scheint jedoch nur allzu berechtigt. Der erste Punkt der „Summary" ist wohl der entscheidende:

Welchen Erfolg Leseunterricht hat, hängt nicht nur davon ab, was man tut, sondern auch von der Tiefe und Qualität des Verständnisses, das das Handeln anleitet.

Die erforderliche gedankliche Klarheit wird aber durch unsinnige, ideologische Scheingefechte eher verhindert. Was J. S. Chall für die USA konstatierte (vgl. CHALL, 1989), gilt ähnlich für die Auseinandersetzung auch bei uns in den letzten Jahren (vgl. ERICHSON, 1988). Dort werden Anhänger des Spracherfahrungsansatzes mit fortschrittlichen Attributen assoziiert. Solche, die systematisch aufgebaute Lehrgänge bevorzugen, werden in die konservative Ecke gestellt. Daß dies wenig mit der Realität zu tun hat, zeigen die Forschungsergebnisse. Deshalb sollte endlich Schluß sein mit dem unsinnigen Scheingefecht. Unser Blick sollte sich ausschließlich richten auf die konkreten Lernprozesse der Kinder und darauf, wie wir sie möglichst effektiv beeinflussen können, egal ob mit oder ohne Leselehrgang.

3. Das Hauptziel: Einsicht in die Struktur der Buchstabenschrift (Phase 1)

Lesen kann sehr Unterschiedliches bedeuten. Ein Vierjähriger sieht in einer Zeitungswerbung das Wort ALDI und erkennt es sofort wieder. Er hatte sich grafische Auffälligkeiten des Wortbilds gemerkt. Stünde dort *Aldi*, könnte er das Wort nicht erkennen. Dieses **logografische „Lesen"** kommt ohne Lautbezug aus. Mit dieser Strategie lassen sich jedoch nur eine begrenzte Anzahl von Zeichenketten speichern, unbekannte Wortbilder können nicht erlesen werden.
Geübte Leser greifen auf eine andere Strategie zurück. Sie können aus der Abfolge der Buchstaben, die sie wahrnehmen, unmittelbar den Sinn ableiten.
„Sie kennen nicht mehr das mühsame Buchstabieren, für sie ist es ziemlich gleich, ob ein Wort kurz oder lang ist – es ist als Buchstabenfolge gespeichert und abrufbar. Es spielt oft sogar keine Rolle, wenn das Wort falsch geschrieben ist. Ich habe diese Art des erfolgreichen Lesens als **orthografische Strategie** bezeichnet; sie wird im Lernprozeß als letzte erworben."(FRITH, 1993, S. 341)
Nun ist es aber nicht so, daß bei der Verarbeitung bekannter Wortbilder das Gehör und die Artikulation keine Rolle spielen. Bei einer Verletzung der Hörzonen des Gehirns können nur sehr wenige, gut vertraute Wörter mit konkreter Bedeutung, wie z.B. der eigene Name, gelesen werden. Allen anderen Wörtern kann kein Sinn zugeordnet werden (vgl. BRÜGELMANN, 1983, Kapitel V.).
Das Einordnen der wahrgenommenen Schrift gelingt deshalb nicht, weil die Verarbeitung im Gehirn nicht auf der grafischen Ebene abläuft. Dazu ist die Masse der ständig aufgenommenen optischen Informationen viel zu groß. Vielmehr wird der dem Wortklangbild zugeordnete Begriff, mit dem sich inhaltliche Informationen verbinden, im Gehirn verarbeitet.
Elektrophysiologische Untersuchungen der Zungen und Lippen haben auch bei geübten Lesern die Existenz von Muskelkontraktionen beim inneren Sprechen und damit auch beim stillen Lesen festgestellt (vgl. DATHE, 1974, S. 14). Lesen heißt also in jedem Falle, einem Schriftbild ein Klangbild zuzuordnen.
Beim elaborierten Lesen stellt sich dieses Klangbild aber unmittelbar ein und muß nicht mehr lautweise erschlossen werden, wie dies in der **alphabetischen Strategie** erforderlich ist. Das lautierende Erlesen ist eine Zwischenstufe in der Entwicklung zur orthografischen Strategie, an der keiner vorbeikommt.

3.1. Die Struktur unserer Buchstabenschrift

Unsere Buchstabenschrift ist eine modifizierte Lautschrift. Die schriftlich fixierten Zeichen und Zeichenketten enthalten selbst keine Bedeutung. Die Schrift hält lediglich den lautlichen Aspekt der Sprache fest. Das Problem von Buchstabenschriften liegt darin, daß die gesprochene Sprache eine große Anzahl unterscheidbarer Laute enthält, bei uns sind es mehrere 100 solcher Phone, wir aber nur 26 Schriftzeichen kennen. Berücksichtigt man, daß viele der Lautunterschiede ohne Bedeutung für die Unterscheidung von Wörtern sind, so bleiben dennoch ca. 40 bis 60 bedeutungsunterscheidende Laute oder Lautgruppen, die sogenannten Phoneme. Die schriftlichen Abbildungen der Phoneme, also die Buchstaben oder Buchstabengruppen, werden Grapheme genannt.

Aus der Tradition der Rechtschreibung heraus gibt es keine eindeutigen Phonem-Graphem-Zuordnungen. So wird zum Beispiel der Laut, den wir im Wort **K**iste am Anfang hören, auch durch folgende Grapheme abgebildet: Tro**g**, Sa**ck**, Comi**c**, **Qu**arantäne, **Ch**ristus. Umgekehrt sind vielen Graphemen unterschiedliche Phoneme zugeordnet. So klingt das Graphem **ch** in den Wörtern Mil**ch** und **Ch**or ganz verschieden.

Eine weitere Schwierigkeit der Verlautlichung von Schriftzeichenketten beim Lesen oder der Verschriftung gesprochener Sprache beim Schreiben sind die erheblichen Unterschiede der Laute innerhalb der Phoneme. Je nach der Stellung eines Lautes im Wort klingt er völlig unterschiedlich. So wird das **ch** in Mil**ch** ganz anders gebildet als in Na**ch**t. Dazu kommen Gleit- und Übergangslaute, die es uns so schwer machen, rein akustisch überhaupt einzelne Laute zu unterscheiden. Versuchen Sie einmal, Sätze einer fremden Sprache in die enthaltenen Laute zu zerlegen. Wenn das Einordnungsraster der Schrift entfällt, gelingt dies kaum – und Leseanfänger verfügen noch nicht über dieses Raster. Die Buchstaben der Phonemschrift stellen also keine eindeutige und schon gar keine eineindeutige Abbildung der gesprochenen Sprache dar.

Diese Kompliziertheit unserer Buchstabenschrift bringt die Schwierigkeiten ihres Erwerbs mit sich. All dies muß nämlich ein Leseanfänger verstehen lernen, will er die Abfolge von Buchstaben so verlautlichen können, daß daraus ein sinnvolles und daß noch dazu das richtige Wortklangbild entsteht. „Ohne ausdrückliche Unterweisung kann diese schwierigste aller Lesestrategien nur schwer entwickelt werden." (FRITH, 1993, S. 341)

3.2. Das erste Lernziel: Das Lautmoment der Sprache muß bewußt werden

Kinder, die mit Schrift noch nicht vertraut sind, benutzen die mündliche Sprache rein kommunikativ. Lautliche Eigenschaften spielen im mündlichen Sprachgebrauch nur dann eine Rolle, wenn die akustische Überlieferung gestört, wenn also Sprache leise oder fehlerhaft empfangen wird. Dann wird die Aufmerksamkeit auf das Lautliche gelenkt. Die Sinnerfassung tritt in den Hintergrund.
Nach Bosch sprechen wir auch von der „Sprachvergegenständlichung“. Dehn hat dies an einem Beispiel verdeutlicht. Für Kinder, die noch voll dem rein Inhaltlichen der Sprache verhaftet sind, fängt **Hund** eben nicht mit **H**, sondern mit dem Kopf an. Die Kinder sollen erkennen, daß Schrift den Versuch darstellt, das Lautliche der Sprache grafisch abzubilden. Sie sollen nicht dem Irrtum verfallen, man könne den Sinn direkt aus den Zeichen entnehmen. Um die Aufmerksamkeit der Kinder auf das Lautliche zu lenken, eignen sich besonders Reime, Wortspiele, Anlautübungen usw. (Übungen, die auf das Lautliche der Sprache besonders verweisen, sind im Praxisteil mit *Sprachvergegenständlichung* gekennzeichnet.)

3.3. Vom ersten Wort an: Die Struktur unserer Buchstabenschrift erkennen lernen

Eine Beschreibung der zentralen Einsicht in die Struktur der Buchstabenschrift fällt nicht ganz leicht. Bei den Vorgängen des Lesens und Schreibens greift nämlich eine Reihe von Prozessen ineinander, die sich nur schwerlich analytisch voneinander trennen lassen. Wenn diese Trennung im Folgenden dennoch versucht wird, dann wird dies der Sachstruktur und auch dem methodischen Vorgehen nicht voll gerecht. Es dient lediglich unserem besseren Verständnis und unseren Verständigungsmöglichkeiten über die Vorgänge. Dargestellt werden nur die zentralen Einsichten zu Beginn des Erstlese- und Schreibunterrichts. Die später zu vermittelnden Erkenntnisse wie das Vorhandensein mehrgliedriger Grapheme (**ch, au, ah**, Doppelkonsonanten usw.), mehrerer Grapheme für ein Phonem (**k, ck, g, Ch** für den k-Laut), mehrerer Phoneme für ein Graphem (**Ch** in China oder Christus) können im Rahmen dieses Buches nicht aufgegriffen werden. Hier soll auf Leselehrgänge verwiesen werden.
Am Beginn steht die Verdeutlichung der Schrift in ihren beiden Grundfunktionen, dem Lesen und Schreiben am Beispiel einzelner Wörter. Der **Schreiber** muß die Wortklangbilder durch Abstraktionsprozesse „zerlegen“. In Wirk-

lichkeit muß er eine Folge von Einzellauten produzieren, die dem Wortklangbild möglichst nahe kommt. Schließlich muß er dieser Lautkette, die durch die Klangmöglichkeiten der Buchstaben eingeschränkt und vorgegeben ist, eine Buchstabenkette zuordnen.

Die Analyse besteht für ihn darin, durch das Raster der Buchstaben und ihrer Laute die Lautfolge herauszufinden, die dem Wortklangbild ähnelt. Ohne dieses Raster fiele eine Lautanalyse noch wesentlich schwerer, da die Fülle der möglichen Einzellaute (Phone) viel zu groß ist und die Lautgrenzen schwer bestimmbar blieben. Die Abstraktion der vielen Phone auf die wenigen Phoneme muß aber ebenfalls geschult werden. Aus der eben geschilderten Sachstruktur heraus wird deutlich, daß dies nur über die enge Verbindung mit den Buchstaben geschehen kann. Reine Lautanalysen ohne Zuordnung zu Buchstaben erscheinen nicht sinnvoll.

Der **Leser** muß umgekehrt jedem Buchstaben Laute zuordnen. Seine Schwierigkeit besteht darin, die Lautvarianten der Buchstaben zu treffen, die in dem jeweiligen Wort vorkommen. Er muß zum Beispiel wissen, welchen der möglichen e-Laute er zum Lesen des Wortes **d e r** verwenden soll. Der Leser gelangt zu dem Wortklangbild durch (in Wirklichkeit rasend schnell ablaufende) **Vergleichsprozesse zwischen den möglichen Lautketten,** die durch die Buchstaben vorgegeben sind, mit durch Erwartungsprozesse nahegelegten Wortklangbildern. Diese Vergleichsprozesse, die das Lesen ausmachen, bezeichnen wir als Synthese und Analyse.

Die Ketten der möglichen Einzellaute werden in Annäherung gebracht an erwartete Wortklangbilder (Synthese).

Die durch die Erwartung zur Überprüfung herangezogenen Wortklangbilder werden in Annäherung gebracht an Ketten von Einzellauten, die durch Buchstaben vorgegeben sind (Analyse).

Aber auch beim Schreiben treten die geschilderten Vergleichsprozesse auf, geht es doch auch hierbei um die Annäherung von möglichen Lautketten an ein vorgegebenes Wortklangbild. Analyse und Synthese bilden eine Einheit. Dies muß selbstverständlich Auswirkungen auf die Übungen haben. **Im Zentrum sollten stets vollständige Strukturierungsprozesse stehen**, die ja nichts anderes als eine Art vereinfachtes Ablaufschema der geschilderten Vergleichs- und Annäherungsprozesse darstellen.

Diese Einsichten lassen sich einem Kind nicht verbal belehrend vermitteln, vielmehr muß das Kind sie handelnd „erfahren“. Das gelingt am ehesten, und dies ist die Hypothese der analytisch-synthetischen Methode, durch konkreten Nachvollzug von Strukturierungen. Das Verfahren der Strukturierung wird an jedem neuen Wort ausführlich geübt. Damit erhalten die Kinder bei jedem Wort erneut die Gelegenheit, den Sprache-Schrift-Zusammenhang zu erfassen. Auf das Üben und Absichern von Teilfertigkeiten wird aus den genannten Gründen verzichtet.

1. Die Lehrerin zeigt den Kindern ein Wortbild anhand einer Wortkarte. Es wird geklärt, daß dieses Wort aus Teilen besteht, die Buchstaben heißen. Anschließend sollte die Buchstabenreihenfolge besprochen werden.
2. Die Lehrerin (oder ein Kind, das schon lesen kann) liest das Wort vor. Dem Schriftbild wird also ein Wortklangbild zugeordnet. Die Kinder erfahren, daß das Lesen darin besteht, ein Wort klingen zu lassen.
3. Nun weist die Lehrerin darauf hin, daß man auch die einzelnen Buchstaben klingen lassen kann. Sie nennt den Klang des ersten Buchstabens, schneidet ihn von der Wortkarte ab und befestigt ihn isoliert an der Tafel. Das Wort wird noch einmal, und zwar von allen, gedehnt gesprochen. Die Kinder achten dabei darauf, ob sie den Klang des ersten Buchstabens wenigstens in ähnlicher Weise im Wort wiedererkennen können.
4. Bei einem nochmaligen Durchgang des Abhörens sollen die Kinder schließlich darauf achten, an welcher Stelle des gesprochenen Wortes der Klang des Buchstabens vernehmbar ist: am Anfang, am Ende oder irgendwo dazwischen. Es wird festgehalten, daß der Klang des ersten Buchstabens ähnlich auch im Klang des Wortes zu hören ist, und zwar an erster Stelle.
5. Ebenso verfährt man nun mit den restlichen Buchstaben. In der Anfangsphase werden nur sehr kurze Wörter (bis zu drei Buchstaben) strukturiert.

Das Durchstrukturieren aller neuen Wörter der ersten Phase verdeutlicht den Kindern den Buchstabenaufbau der Schrift und die Funktion der Buchstaben im Wort. Zunehmend treten weitere Strukturierungsverfahren hinzu, die das bloße Nachvollziehen mehr und mehr zu Gunsten eigenaktiver Übungen zurückdrängen. Dargestellt werden diese Differenzierungsaufgaben im nächsten Abschnitt unter der Überschrift „Zentrale Übungen".

Sobald aber die Kinder dem Prinzip auf die Spur gekommen sind, und bei etlichen geschieht dies schon beim ersten Wort, werden sie den Versuch unternehmen, die Klangstruktur anderer Wörter dadurch zu erschließen, daß sie die Einzellaute nacheinander klingen lassen und diese Abfolge mit ihnen bekannten Wortbildern vergleichen. Sie werden anfangen zu lesen. Umgekehrt werden sie ausprobieren, den Klang eines gesprochenen Wortes so zu zerlegen, daß sie bekannte Einzellaute in ihrer Reihenfolge heraushören, denen sie dann die entsprechenden Buchstaben zuordnen. Sie werden anfangen zu schreiben.

Der geschilderte Strukturierungsprozeß ermöglicht den Kindern, die Zusammenhänge von gesprochener und geschriebener Sprache vom ersten Wort an und in umfassender Weise zu verstehen, indem sie die Strukturierung zunächst nachvollziehen und dann mit abgestuften Übungsformen ausprobieren. Da die Gewinnung der Einsicht über konkrete Lese- und Schreibprozesse erfolgt, ermöglicht sie zugleich die grundsätzlichen Fähigkeiten zum Lesen und Schreiben. Diese ermöglichen dann aber ein sofortiges sinnerfassendes Lesen und ein kommunikatives Schreiben.

3.4. Wenn Schwierigkeiten auftreten

Die Hindernisse auf dem Weg zu den angezielten Fähigkeiten und Erkenntnissen sind vielfältig und oftmals nur schwer zu erkennen. Gemeinsam ist ihnen in der Regel eine falsche oder nicht genügend klare Sichtweise des Sprache-Schrift-Zusammenhangs. In manchem Leselehrgang „gelingt" es Kindern, Lesefähigkeit vorzutäuschen, indem Wörter, Sätze und Texte auswendig gelernt werden. Legt man diesen Kindern „unbekannte" Wörter vor, dann scheitern sie. Sie haben das Grundprinzip überhaupt noch nicht erfaßt. Oft sind es aber nur Teilaspekte, die von den Kindern falsch gedeutet werden, was aber ebenfalls zu erheblichen Schwierigkeiten führen kann. Hat ein Kind beispielsweise nicht erfaßt, daß die Folge von Einzellauten nur ungefähre Hinweise auf das richtige Wortklangbild mit seinen Stellungs- , Gleit- und Übergangslauten gibt, dann treten Syntheseprobleme auf.

Für die Lehrerin stellt sich die schwierige Aufgabe, aus der Zugriffsweise der Kinder mögliche Lernhemmnisse zu erkennen und adäquate Hilfen zur Verfügung zu stellen. Die folgende Übersicht nennt einige Problemschwerpunkte, die im Schriftspracherwerb häufig festgestellt werden. Da das isolierte Training einzelner Teilfertigkeiten den Blick auf die Zusammenhänge versperren kann, sollten stets die Übungen mit vollständigen Analyse-Synthese-Prozessen im Mittelpunkt stehen. Zur Behebung besonderer Defizite können aber durchaus Akzente gesetzt werden. Mitunter brauchen Kinder spezielle Hilfen für spezielle Schwierigkeiten. Nur so ist die Auflistung in Übungsschwerpunkte zu verstehen.

Die Diagnose von Schwierigkeiten

Es sind keine aufwendigen Prüfverfahren erforderlich. Jeder Lese- und Schreibversuch eines Kindes kann der Lehrerin wichtige Hinweise geben. Im folgenden wurde die Beobachtung etwas systematisiert, damit die Schwerpunkte möglicher Schwierigkeiten deutlich werden.

Zur Überprüfung des **Lesens** eignen sich einfache Wörter mit relativ eindeutiger Buchstaben-Laut-Zuordnung, die aus bereits eingeführten Buchstaben bestehen. Die Wörter sollten jedoch nicht geübt worden sein. Beispielsweise gibt die Lehrerin ein Wort mit Buchstabenkärtchen vor. Kann das Kind das Wort

noch nicht erlesen, wird nach dem Klang der einzelnen Buchstaben gefragt. Hier kann die Lehrerin feststellen, wieweit das Kind die Buchstaben-Laut-Zuordnungen, ausgehend vom Buchstaben, gespeichert hat. Nachfragen bei mehrdeutigen Zuordnungen („Kann der Buchstabe vielleicht noch anders klingen?") zeigen, wie differenziert und sicher das Kind diese Zuordnungen behalten hat. Treten hier Lücken auf, nennt die Lehrerin dem Kind die Lautwerte der Buchstaben, und zwar in der speziellen Form, in der sie in diesem Wort auftreten. Wird das Wort jetzt erlesen, dann hat das Kind das Leseprinzip erfaßt, und es braucht nur die Buchstaben-Laut-Zuordnung abgesichert zu werden. (Kennzeichnung entsprechender Übungen im Praxisteil: *Buchstaben*)
Schafft es auch das nicht, dann bewältigt es die Synthese nicht. Bei ihm ist besonders darauf zu achten, daß es eine ganze Weile das vollständige Wortklangbild genannt bekommt, um das Ziel der Synthese zu kennen. Die Steuerung der Sinnerwartung ist hier vor allem zu üben. In diesem Fall sind auch Hilfen der Lehrerin sinnvoll, die die Synthese erleichtern, indem Übergangslaute angedeutet werden. (Kennzeichnung im Praxisteil: *Synthese*)
Kinder mit großen Syntheseproblemen sollten unbedingt das Ziel der Synthese kennen, zumindest Möglichkeiten zur Auswahl angeboten bekommen. Sie sollten nicht mit für sie noch zu schwierigen reinen Synthese-Übungen überfordert werden.
Bei manchen Kindern treten Verlesungen der Art auf, daß die Reihenfolge der Buchstaben vertauscht wird. Das Wort **T a l** wird beispielsweise als **a l t** gelesen. Hier ist in Zukunft auf den richtigen Aufbau zu achten. (Übungen hierzu im Praxisteil: **Links-Rechts-Orientierung**)
Ein Kind, das das Leseprinzip erfaßt hat, sollte einfache fremde Wörter aus bekannten Buchstaben erlesen können. Es sollte sie aber auch lautgetreu verschriften können. Das **Schreiben** als andere Seite der „Medaille Lesen" ist also ebenfalls Gegenstand der Diagnose.
Dem Kind wird eine Auswahl von Groß- und Kleinbuchstaben vorgelegt, die eingeführt und geübt sind. Beispiel: **A, a, L, l, E, e, O, o, M, m, N, n, T, t.**
Die Lehrerin gibt ein Wort-Klangbild vor, z.B. **T a l**. Das Kind soll das Wort mit Hilfe von Buchstabenkärtchen legen. Dazu muß es zunächst den Anlaut abhören und den entsprechenden Buchstaben heraussuchen. Ob ein Groß- oder Kleinbuchstabe gewählt wird, ist anfangs zu vernachlässigen. Findet das Kind den ersten Buchstaben nicht oder wählt es einen falschen, fragt die Lehrerin nach dem Anfangslaut. („Höre genau hin, womit das Wort **T-a-l** anfängt.") Kommt das Kind nicht auf den Laut, wird bei diesem Kind ein Übungsschwerpunkt das Heraushören von Anlauten sein.
Durch besonders gedehntes Sprechen und Hervorheben des Anlauts beim Dehnsprechen gibt die Lehrerin Hilfen. Sie läßt das Kind nachsprechen und

fordert es auf, auf den Anfang des Sprechens zu achten. Zusätzlich kann sie auf die Stelle im Artikulationsablauf des Wortes **T a l** aufmerksam machen: Sie zeigt kurz auf den Mund des Kindes gerade in dem Augenblick, in dem dieses den Anlaut artikuliert. Das gleiche kann sie beim gedehnten Vorsprechen bei sich selbst vorführen. Das Kind wird dabei aufgefordert, auf den Mund der Lehrerin zu sehen. Hat das Kind nun den Anlaut gefunden – wenn immer noch nicht, so nennt ihn die Lehrerin –, dann soll es den zugehörigen Buchstaben heraussuchen. Hat das Kind den Buchstaben nicht gefunden oder einen falschen ausgesucht, dann muß diese Laut-Buchstaben-Zuordnung geübt werden. (Kennzeichnung im Praxisteil: *Buchstaben*)
Wurde der erste Buchstabe nicht gefunden, legt ihn die Lehrerin. Der gleiche Vorgang wird nun beim zweiten Laut und dem zweiten Buchstaben wiederholt und auch bei den folgenden. Bei Schwierigkeiten in der Lautanalyse sind Übungen dazu angezeigt. (Kennzeichnung im Praxisteil: *Analyse*)
Die beiden Diagnose-Vorgänge ergänzen sich. Beim Erlesen steht die Lautanalyse im Hintergrund, und die Zuordnung von Buchstaben und Laut wird vom Buchstaben aus angegangen. Beim Schreiben bleibt die Synthese zunächst ausgeblendet, und die Laut-Buchstaben-Zuordnung geht vom Laut aus.
Scheitern Kinder sowohl beim Erlesen als auch beim Schreiben völlig, dann sollte überprüft werden, ob sie überhaupt schon in der Lage sind, Sprache strukturierend anzusehen, oder ob sie noch völlig auf den Sinnaspekt konzentriert sind. Dazu kann man ihnen vier Wörter anbieten. Sie sollen die zwei heraussuchen, die ihrer Meinung nach vom Klang her zusammenpassen.
Beispiel: **H au s – T ü r – M au s – F a ll e**
Sind sie im Inhaltlichen verhaftet, werden sie **H au s** und **T ü r** oder **M au s** und **F a ll e** nennen, denn ein Haus hat eine Tür, und es gibt Mausefallen. Achten sie aber eher auf das Lautliche, dann werden sie den Reim **H au s – M au s** als zusammengehörig erkennen. Kinder, die das Lautliche der Sprache noch nicht berücksichtigen, benötigen Hilfe in dieser Richtung (siehe 3.2.).
Weitere Wortketten zur Überprüfung dieser Frage können sein: Mutter – kochen – Butter – Messer, Wasser – Fisch – Decke – Tisch, lesen – Buch – Schmutz – Besen u.ä.

Zentrale Übungen

Wesentlich ist, daß vollständige Codierungen und Decodierungen von Schrift im Mittelpunkt stehen. Das Üben von Teilleistungen macht dann Sinn, wenn es bezogen bleibt auf den Erlese- und Schreibprozeß.
Ein Beispiel soll den Unterschied verdeutlichen: Ines kann sich vor allem die Buchstaben nicht merken. Nun könnte versucht werden, durch gezielte Übun-

gen dieses Defizit zu beheben. Ines würde bestimmte Buchstaben aus einer größeren Menge optisch identifizieren, Klein- und Großbuchstaben einander zuordnen, Buchstaben nachfahren, schreiben, stempeln, kneten, ertasten und dazu stets den Klang nennen.
Geschähe dies so isoliert, bliebe der Erfolg bei einem enormen Zeitaufwand nach unserer Erfahrung gering. Die Buchstaben würden nämlich außerhalb ihrer Funktion in der Schrift geübt. Dies könnte eine Festlegung auf sogenannte Normallaute zur Folge haben, was den Erlesevorgang dann wieder behindern kann, wenn der Stellungslaut im Wort vom „Normallaut" deutlich abweicht. Außerdem vollzöge sich die Speicherung der Buchstaben-Laut-Zuordnung womöglich, ohne daß Ines die Funktion der Buchstaben überhaupt erfaßt hat. Sie müßte dann etwas für sie Unverständliches, Sinnleeres erlernen. Der Vergessensgrad bliebe zwangsläufig ein hoher.
Geschieht dagegen die Buchstaben-Laut-Absicherung im Zusammenhang mit Erlese- oder Schreibvorgängen, dann kann Ines bei jeder Übung die Funktion der Buchstaben deutlich werden. Das Einprägen wird dann leichter fallen, wenn sie den Zusammenhang erfaßt hat. Die unterschiedlichen Lautmöglichkeiten der Buchstaben werden außerdem ständig geübt, weil diese ja dem Kind nicht isoliert, sondern in ihrer Stellung im Wort begegnen.
Selbstverständlich sollten alle möglichen Kanäle des Lernens genutzt werden. Neben Hören, Sehen, Artikulieren sind auch der Tastsinn und die Feinmotorik anzusprechen. Nur sollte dies nicht losgelöst vom Wort geschehen. Ines knetet also nicht nur ein a, sondern sie knetet das Wort **a l t**. Dazu muß sie eine Lautanalyse durchführen und trifft dabei auf das kurze **a** . Sie muß eventuell den Buchstaben in der Anlauttabelle aufsuchen, und dann erst knetet sie ihn. Beim sukzessiven Aufbau des Wortes liest sie parallel den Wortrumpf, synthetisiert also auch.
Vollständige Erlese- und Schreibvorgänge sollten also im Mittelpunkt stehen. Die anschließend dargestellten Übungsschwerpunkte, Teilfertigkeiten betreffend, sind stets eng an diese komplexen Übungen anzulehnen. Die Übungen im Praxisteil, die schwerpunktmäßig diesen Bereich abdecken, sind mit *Strukturierung* gekennzeichnet.

Buchstaben-Laut-Zuordnung (Lesen) / Laut-Buchstaben-Zuordnung (Schreiben)

Manche Kinder haben trotz der Erfassung des Leseprinzips Schwierigkeiten mit dem Behalten der Buchstaben. Für sie sind die Übungen dieses Schwerpunkts gedacht. Sie sind so ausgewählt, daß in der Mehrzahl der Übungen die Buchstaben nicht isoliert, sondern in ihrer Funktion in Wörtern behandelt werden. Dadurch werden zugleich andere Teilfunktionen des Lesens und Schreibens, z.B. die Lautsynthese, mitgeübt. Die Übungen im Praxisteil, die schwerpunktmäßig diesen Bereich abdecken, sind mit *Buchstaben* gekennzeichnet.

Synthese

Durch die Methode der „Direkten Hinführung zur Buchstabenschrift" erfahren die Kinder von Anfang an, daß die Buchstabenlaute in den Wörtern nur Ähnlichkeiten mit den isolierten Buchstabenlauten aufweisen, aber keineswegs damit identisch sind. In den anfänglichen Übungen bekommen sie das Ziel der Synthese, das vollständige Wortklangbild, genannt, um die jeweiligen Lautqualitäten der Buchstaben erfassen zu können.

Das eigentliche Lesen besteht nun aber darin, das Lautbild des Wortes mit seinen spezifischen Buchstaben-Stellungslauten und optisch nicht abgebildeten Übergangs- und Gleitlauten selbst zu finden. Daran scheitern zunächst viele Kinder. Sie haben vier wesentliche Fähigkeitskomplexe noch unzureichend ausgebildet.

I Oft können Kinder mit Syntheseproblemen noch nicht genügend die **Lautqualitäten der Buchstaben** differenzieren. Frühleser sind in der Lage, schnell die unterschiedlichen Lautungen der Buchstaben durchzuspielen. Ihnen sind die Lautmöglichkeiten präsent. Wer dagegen z.B. nur über einen Laut des **e**, nämlich das lange, geschlossene **e** verfügt, wie in **E f eu**, wird ein Wort wie **B r e tt** nicht erlesen können. Wichtig sind Übungen, die die unterschiedlichen Lautungen trainieren und deren Durchspielen in Syntheseprozessen zum Gegenstand haben.

II Der zweite Fähigkeitsbereich, der zu einer erfolgreichen Synthese gebraucht wird, ist das Vorhandensein von eingeschliffenen **Lautkopplungen.** Ein geübter Leser muß auch bei unbekannten Wörtern nicht jedesmal alle möglichen Lautkombinationen durchspielen. Unsere Sprache enthält implizite Verbindungsmuster. Beispiel: **E r f e.** Wenn Sie dieses Kunstwort lesen, dann sagt Ihnen Ihre unbewußte Spracherfahrung, daß das **E** am Anfang nicht lang und geschlossen, sondern kurz und offen, wie z.B. in **E r b e**, ausgesprochen wird (wenn mundartliche Aussprachen außer acht gelassen werden). Die Buchstabenkombination **E r f** kennen Sie aus anderen Wörtern, z.B. **E r f a h r u n g, E r f o l g.** Von daher und von der Ähnlichkeit z.B. zu E r b e leiten wir sofort die Lautung dieser Kombination ab. Leseanfänger müssen sich diese Schemata erst aneignen. Zur Übung empfehlen sich Wortreihen mit sich wiederholenden Kombinationen. Allem voran seien Reimwörter genannt, da sie besonders große Ähnlichkeiten aufweisen.

III Schließlich wird die Synthesefähigkeit durch die **Sinnerwartung** gesteuert.

Wenn wir einen Text lesen, dann richtet sich das Erlesen einzelner Wörter nach der Erwartung aus. Beispiel: Es war ein heißer, trockener Sommer. Die Tomaten wurden sehr früh ... Das letzte Wort braucht gar nicht mehr dazustehen. Wir erraten es aus dem Zusammenhang. Diese Sinnerwartung beschleunigt Leseprozesse erheblich, ja ermöglicht sie oft erst. Da die Kombination von Buchstaben zu einem Wort ein anderes Klangbild ergibt als die bloße Summe der Einzellaute, braucht der Leser – und vor allem der Leseanfänger – eine Vorstellung von möglichen „sinnvollen" Wortklangbildern. Diese Sinnerwartung kann ausgelöst werden durch Satzzusammenhänge, durch Illustrationen und durch den Syntheseanfang. Das Problem beim schwächeren Leser liegt darin, daß er die durch diese Vorgaben entstandene Erwartung nicht überprüft. Er rät und ist nicht in der Lage, seine Hypothesen zu verifizieren. Es geht also nicht nur darum, Hilfen zur Sinnerwartung anzubieten, sondern auch darum, das Überprüfen der Erwartung zu trainieren.

IV Das elementare Problem besteht aber darin, daß die Kinder überhaupt erst einmal den **Zusammenhang** zwischen „Summe der Einzellaute" und „Wortklangbild" erkennen müssen. Für Kinder, die den Leseprozeß noch nicht erfaßt haben, ist das Hintereinandersprechen von **a** und **m** etwas völlig anderes als das Wörtchen **a m**. Sie bekommen diese zwei Dinge nicht zusammen. Neben vollständigen Strukturierungsprozessen, in denen dieser Zusammenhang ständig hergestellt wird, gilt es vor allem, an möglichst einfachen Beispielen die Verbindung „Summe der Einzellaute – Wortklangbild" zu schaffen. Dazu sind Hilfen möglich.

Zu Beginn muß stets vom vollständigen Wortklangbild ausgegangen werden. Die Übergangs- und Gleitlaute müssen ebenso mitgehört werden können wie die besondere lautliche Beschaffenheit der Buchstabenlaute, je nach ihrer Stellung im Wort. Aus den Einzellauten heraus kann, wegen fehlender Grundlagen (I bis IV), dieser Lautkomplex nicht geschaffen werden.

1. Zur speziellen Syntheseschulung (IV) wird man von sehr kurzen, am besten zweigliedrigen Wörtern, wie z.B. **na**, **an**, **am**, **im**, **in**, **As**, **so**, **Po**, **wo** (evtl. auch **Tee**, **See**, **Aal**) ausgehen. Neben strukturierenden Erleseübungen können auch Aufschreibprozesse wesentliche Ergebnisse für die Synthese liefern. Die Lehrerin sagt also z.B. das Wort **am**. Mit ihrer Hilfe hört das Kind den Anlaut ab und sucht, evtl. anhand der Anlauttabelle, den Buchstaben **a** und legt ihn. Dann wird der zweite Laut abgehört und ebenfalls gelegt. Das Wort wird dann noch einmal gedehnt gesprochen, und anschließend werden sofort die Einzellaute nacheinander genannt.
2. In einer späteren Phase wird ein solches Wörtchen aus Buchstabenkarten gelegt. Die Einzellaute werden vom Kind genannt. Die Synthese wird ver-

sucht. Schafft sie das Kind noch nicht, können folgende Hilfen zur Anwendung kommen: Als Beispiel sei das Wort in verwendet. Es wurde von der Lehrerin mit Buchstabenkärtchen gelegt. Schafft das Kind die Synthese nicht,

- deutet die Lehrerin die Übergangslaute an. Sie spricht das **i** und das **n** getrennt jeweils wie im Wort **in**. Die vollständige Verschmelzung soll das Kind bewerkstelligen.
- spricht die Lehrerin die beiden Einzellaute zunächst getrennt und unmittelbar danach synthetisiert. Das Kind soll nachsprechen.

3. Der Zusammenhang „Wortklangbild – Summe der Einzellaute" wird weiter vertieft, wenn dem Kind einige einfache, einander ähnliche Wörter in Form von Wortkärtchen vorliegen. Beispiel: **in im ist** oder **na am an man.** Die Lehrerin nennt nun eines dieser Wörter. Das Kind muß die richtige Wortkarte finden. Es kennt also das Ziel der Synthese (III) und kann diese erprobend an den Beispielwörtern nachvollziehen.
4. Das Erlesen längerer Wörter erleichtert die Verbindung von Sprechsilben. Dazu liegen einige wenige Silbenkärtchen vor dem Kind. Beispiel: **ma li sen la le.** Die Lehrerin nennt das Ziel der Aufgabe: Das Wort **lila** soll gelegt werden. Sie läßt dazu das Wortklangbild mit Hilfe des Klatschens in Sprechsilben zerlegen. Ist das Silbenklatschen noch nicht geübt, macht sie es vor: **li – la** . Sie klatscht zweimal in die Hände und spricht synchron dazu die Silben getrennt. Es soll also zunächst die Silbe **li** herausgesucht werden, dann die Silbe **la** . Beide werden zusammengelegt und gemeinsam gelesen.

Die genannten Übungen erfordern die direkte Hilfe der Lehrerin. Bei den Differenzierungsübungen des Praxisteils gibt es eine Reihe von Syntheseübungen, die alleine oder mit Partnern durchgeführt werden können. Bei Kindern mit großen Syntheseproblemen sollte jedoch die Lehrerin mit den erwähnten Hilfen zur Verfügung stehen. Die Übungen, die schwerpunktmäßig diesen Bereich abdecken, sind mit *Synthese* gekennzeichnet.

Lautanalyse

Im engeren Sinne handelt es sich bei dem angesprochenen Vorgang um keine Analyse. Man kann nicht Buchstaben-Einzellaute aus einem Wortklangbild herauslösen. Die Lautbestandteile eines Worts haben lediglich Ähnlichkeit mit den Klängen der Einzelbuchstaben. Ihre Stellung im Wort und die Verschmelzung mit Gleit- und Übergangslauten verzerrt ihre Lautqualität gegenüber den isolierten Lauten. Diese Tatsache macht diesen Vorgang zu einer großen Schwierigkeit im Schriftaneignungsprozeß.
Fast alle vorgeschlagenen Syntheseübungen enthalten Analyse-Anteile. Umge-

kehrt sollte immer auch die Synthese bei den Analyse-Übungen im Blick bleiben. Aus dem Dargestellten ergeben sich folgende Aufgabenbereiche, die wir unter dem Begriff „Lautanalyse“ zusammenfassen.
Um Wortklangbilder mit Hilfe des Rasters der Phoneme, die wiederum an Buchstaben gekoppelt sind, „zerlegen“ zu können, müssen die Kinder eben dieses Raster erlernen. Sie müssen also nach und nach **die vielen unterschiedlichen Lautmöglichkeiten zu Lautgruppen zusammenfassen** lernen, die ihre Zusammengehörigkeit durch Zuordnung zu einem Buchstaben erhalten. Sie lernen also z.B., daß die Laute, die in den Wörtern **E f eu** (Anfang), **E n t e** (Anfang und Schluß) und **E l e f a n t** (1. und 3. Stelle) doch so unterschiedlich klingen, alle dem Buchstaben E bzw. e zugeordnet sind.
Dann müssen sie **die so entstehenden Lautgruppen in ihrer Abfolge Wortklangbildern zuordnen** können. Wollen sie beispielsweise **Ente** aufschreiben, dann müssen sie dem Wortklangbild eine Folge solcher Lautgruppen zuordnen können, der wiederum die Buchstabenfolge **E – n – t – e** zugeordnet wird.
Ein großes Problem liegt dabei darin, daß anfangs das Buchstaben-Phonem-Raster zur „Zerlegung“ noch nicht zur Verfügung steht. Werden Kinder beispielsweise aufgefordert, darauf zu hören, welcher Laut im Wort **T a n t e** am Ende zu hören ist, dann nennen sie häufig „te“. Dies ist für sie ein Laut, wie auch „Ta“ für manche Kinder anfangs eine Einheit ist.
Schließlich müssen sie beim Erlesen eines ihnen unbekannten Wortbilds durch Probieren (die oben geschilderten Vergleichsprozesse) die konkreten Lautungen herausfinden. Um diese Prozesse für das Kind bewältigbar zu machen, müssen sie extrem verlangsamt werden. Es müssen auch (aber immer ohne den Zusammenhang zu vernachlässigen) einzelne Fertigkeiten herausgegriffen und besonders geübt und alle beteiligten Sinne aktiviert und miteinander gekoppelt werden. So ist beispielsweise eine enge Verbindung von Hören und Sprechen unabdingbar. Alle Lautanalyse-Vorgänge beinhalten ein genaues Hinhören und ein deutliches Artikulieren. Das Dehnsprechen des Kindes und der Lehrerin ist eine zentrale Grundlage aller Übungen. Hinzu kommt am Anfang auch das Sehen. Mit Hilfe eines Handspiegels beobachten die Kinder die Artikulation von Wortklängen und von Einzellauten. Sie vergleichen also akustisch, sprechmotorisch und optisch. Für einige wenige Kinder genügen diese Zugänge noch nicht. Sie benötigen zur erfolgreichen Rasterung der Lautstruktur noch die haptische Ebene. Für diese Kinder werden bestimmte Handzeichen den Lautgruppen zugeordnet. Da dies aber nach unserer Erfahrung für fast alle Kinder des Grundschulbereichs nicht erforderlich ist, beschränken wir uns auf eine Literaturangabe (HANS-JOACHIM KOSSOW, 1975, S. 56 ff.).
Die motorische Ebene wird über das Schreiben der Buchstaben und Wörter sehr früh zusätzlich einbezogen. Um eine Kopplung mit den anderen Sinnes-

bereichen herzustellen, ist es wichtig, daß die Kinder beim Schreiben halblaut mitsprechen. Die Übungen im Praxisteil, die schwerpunktmäßig diesen Bereich abdecken, sind mit Analyse gekennzeichnet

Die Reihenfolge muß stimmen

Verlesungen, die in einer nicht-korrekten Buchstabenreihenfolge gründen, können zwei Hauptursachen haben: Die lineare Ordnung der Buchstaben von links nach rechts ist den Kindern noch nicht „eingegangen". Oder die Voraus-erwartung eines bestimmten Klangbilds, die von dem Vorhandensein bestimmter Buchstaben ausgeht, beeinflußt das Leseergebnis. Beide Ursachen hängen eng zusammen und bedingen sich gegenseitig.
Ein Beispiel soll das verdeutlichen. Das Wort **Tal** ist vorgegeben. Das Kind läßt die Buchstaben nacheinander klingen. Dabei geht es zunächst korrekt von links nach rechts vor. Die Kombination **a-l** läßt es aufhorchen. Das kommt ihm bekannt vor. So etwas hat es schon einmal gelesen. Es versucht die Silbensynthese „al". Das klingt wie bei **alt**. Und richtig, der andere Buchstabe klingt doch auch „t", also muß es sich um das Wort **alt** handeln. So oder so ähnlich können sich Erlesevorgänge abspielen, wenn die Reihenfolge als Lesegrundlage noch nicht hundertprozentig verinnerlicht wurde. Selbstverständlich sollte die Lehrerin alle Wörter stets von links nach rechts stecken oder schreiben und nie hinten oder in der Mitte anfangen. Zur besonderen Förderung können Übungen dienen, die im folgenden Praxisteil enthalten sind. Sie sind unter der Bezeichnung **Links-Rechts-Orientierung** zu finden.

3.5. Differenziertes Lesen- und Schreibenlernen von Anfang an (Praxisvorschläge zur Phase 1)

Die Kennzeichnung und Einteilung der folgenden Übungsformen ist relativ willkürlich. Um das Training isolierter Teilfertigkeiten zu vermeiden, sind stets mehrere Bereiche des Lesens und Schreibens mit einer einzigen Übung angesprochen. **Die Kennzeichnung gibt nur den Schwerpunkt wieder.** Ebenso ist zu beachten, daß viele Wortlese-Übungen, die bei der Zusammenstellung der Phase 2 zugeordnet wurden, selbstverständlich auch schon in der Phase 1 verwendet werden können, wird doch vom ersten Wort an auf vollständige Lese- und Schreibprozesse Wert gelegt.
Es werden auch einige Übungen zum Training basaler Wahrnehmungsfähigkeiten vorgeschlagen. Sie umfassen Bereiche, die für das Lesen- und Schreibenlernen unmittelbar wichtig sind, weil sie auf den Lautcharakter unserer Sprache

verweisen. Sie stehen am Beginn der Zusammenstellung und sind mit **B** gekennzeichnet. Die anschließenden Differenzierungsvorschläge zur Phase der Direkten Hinführung zur Buchstabenschrift enthalten in der Titelzeile Symbole für mögliche Sozialformen (**E** = Einzelarbeit, **P** = Partnerarbeit, **G** = Gruppenarbeit) und nach jeder Übung die Angabe des zentralen Teilbereichs (z.B. *Synthese, Sprachvergegenständlichung* usw.).
(Auf S. 133 findet sich eine Zusammenstellung der verwendeten Begriffe und Abkürzungen.)

Reime

B E P G

Reime stellen einen wichtigen Zugang zur Lautstruktur der Sprache dar. Die Reim-Eigenschaft bezieht sich ausschließlich auf das Lautliche. Um einen Reim erfassen zu können, müssen die Kinder vom Inhaltlichen absehen können. Außerdem muß man mitunter genau differenzieren können, um Reimwörter zu identifizieren.
Reimübungen finden sich an verschiedenen Stellen der Praxisvorschläge. Hier sind noch ein paar schriftfreie Reimaufgaben zusammengestellt, die vor allem für Kinder gedacht sind, die noch voll dem kommunikativen Aspekt der Sprache verhaftet sind.

1 Reimpaare finden

Material: Kartonkärtchen mit Bildern.
Vorhanden ist ein Kartensatz mit mehreren Paaren unterschiedlicher Reime. Die Paare sind zusammenzustellen. In spielerischer Form kann dies über ein Memory geschehen.

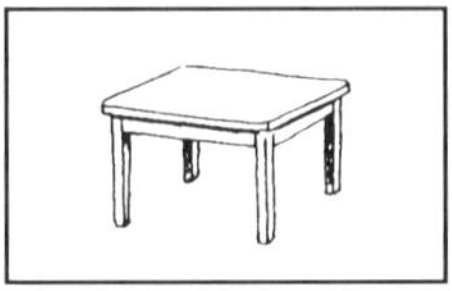

Reimpuzzles

Material: 2 Kartonrechtecke gleicher Größe. Beide werden in gleich große Felder unterteilt. Auf der Rückseite des einen Rechtecks wird ein Bild gemalt, gedruckt ode geklebt. In die Felder kommen Abbildungen zu Reimwörtern.

Die nachfolgende Abbildung zeigt das Prinzip.

Material 3 und 4: Kartonkärtchen mit drei Abbildungen; zwei davon repräsentieren Reime.

3 Welches Bild paßt nicht?

Auf der Vorderseite befinden sich jeweils Abbildungen, zwei davon zeigen Reimwörter. Das nicht passende Bild ist herauszufinden. Die Lösung befindet sich auf der Rückseite.

4 Was reimt sich?

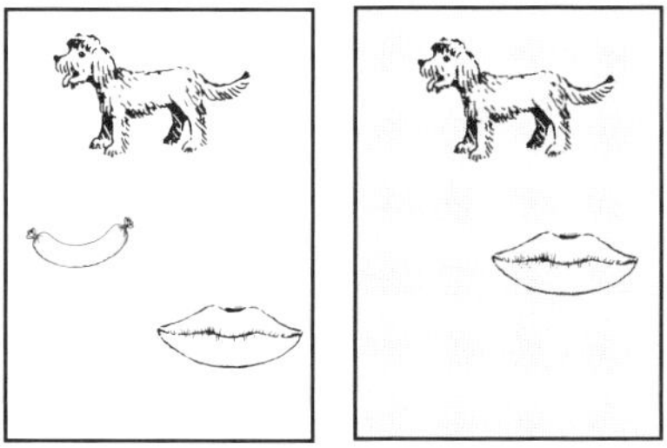

Eine Abbildung ist groß vorgegeben. Dazu gibt es zwei kleinere. Auszuwählen ist das kleine Bild mit dem Reimwort. Die Rückseite zeigt die vollständige Lösung.

Artikulation

B E P G

Material: Kassettenrecorder, Wendekärtchen.

1 Zungenbrecher und Stabreime

Die Lehrerin spricht jeweils vor, die Kinder sprechen nach. Die Sprechvorlage kann auch über einen Kassettenrecorder abgerufen werden. Mit ihm ist auch die Nachsprechleistung überprüfbar. Im Lehrerhandbuch einiger Fibeln werden derartige Verse angeboten.

2 Buchstabengedichte

Ute Andresen hat Erstleseunterricht rund um ABC-Bücher durchgeführt. In der Grundschulzeitschrift 7/1987 sind als Kopiervorlagen kleine Buchstabengedichte abgedruckt, die sich gut auch zum deutlichen Nachsprechen verwenden lassen.

> Enten, Esel, Elefant
> sind wirklich
> und sind uns bekannt.
>
> Engel, Elfen oder Feen
> kann man auf Bildern
> und in Träumen sehen.

Lit.: ANDRESEN, U.: ABC und alles auf der Welt, Ravensburg 1984.

3 Wörter verzaubern

Voraussetzung ist die beherrschte Buchstaben-Laut-Zuordnung der Vokale.

a) Auf einem Kärtchen ist ein Bild vorgegeben, das ein zwei- oder dreisilbiges Wort repräsentiert. Darüber ist ein Vokal geschrieben. Das Kind, das die Karte hat, soll nun seinem Partner das Bild-Wort sagen, allerdings mit dem angegebenen Vokal. Es spricht also beispielsweise das Wort in der „O-Sprache". Das andere Kind soll das richtige Wort erraten. Das Kind sagt also in unserem Beispiel: „Tosso".

Variante: Findet der Zuhörer das Wort nicht heraus, kann es der Wortverzauberer noch einmal mit einem anderen Vokal versuchen: „Tissi".

b) Wie a), nur daß jetzt auf der Rückseite, die der Zuhörer sieht, drei Abbildungen zur Auswahl vorgegeben sind.

c) Diese Verzauberungen in die „O-", „E-" oder „Au-Sprachen" usw.

können unabhängig von solchen Kärtchen-Spielen ständig erprobt werden. Da genügt oft ein kurzer Impuls, indem sich beispielsweise die Lehrerin mit „if Wiedirsiehin“ und „Kimmt giet nich Hiesi“ verabschiedet.

d) Das Spiel „Ich sehe was, was du nicht siehst“ kann auch hierfür verwendet werden: „Ich sehe eine Tiefil, siehst du sie auch?“

4 So-Wörter

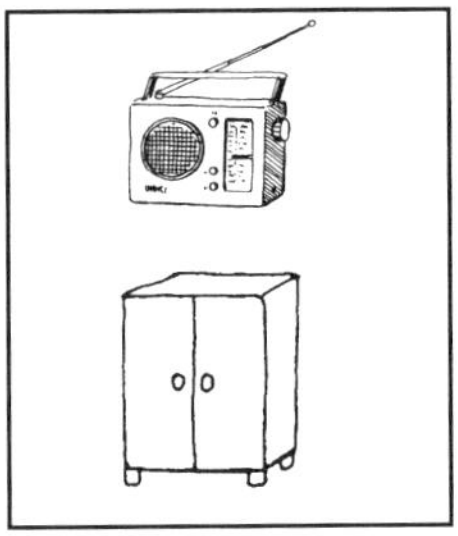

Auf Kärtchen sind zwei Abbildungen gegeben. Das Kind, das die Abbildung sieht, soll seinem Partner die beiden Bild-Wörter nennen. Allerdings soll es vor jedes Wort die Silbe **so** hängen. Der Partner soll die Wörter nachsprechen, und zwar ohne **so-**. Beispiel: „Soradio“, „Soschrank“.

Selbstverständlich kann auch jede andere Silbe verwendet werden, nur sollte sie bei beiden Wörtern gleich sein. Die Silben können auch angehängt werden: „Radiolu“, „Schranklu“.

Sprachvergegenständlichung

Wortlängen-Vergleich

B E P

Material: Karten mit jeweils zwei Abbildungen. Die Rückseite zeigt die richtige Lösung.

Das Symbol für die Wortlänge muß vorher geklärt werden.

Die Kinder sprechen beide Wörter halblaut. Sie achten darauf, welches Wort länger klingt.

Kinder, die noch voll dem Inhaltlichen der Sprache verhaftet sind, werden beim abgedruckten Beispiel eventuell der Meinung sein, **Haus** klinge länger, weil es doch viel größer ist als eine **Glühlampe**.

Sprachvergegenständlichung

Rhythmus

B E P G

Breuer/Weuffen haben in den Untersuchungen zu ihrer Differenzierungsprobe festgestellt, daß die mangelnde Fähigkeit, Rhythmen nachzuvollziehen, ein bedeutsamer Anzeiger für mögliche Schwierigkeiten im Leselernprozeß sein kann. Rhythmikschulung ist vor allem für Kinder mit Rückständen in diesem Sektor unbedingt erforderlich und stellt darüber hinaus einen wichtigen Lerngegenstand für alle Kinder im Rahmen des Musikunterrichts dar. Im folgenden sollen nur einige wenige Anregungen für die spezielle LRS-Prophylaxe auf diesem Gebiet gegeben werden. Im Abschnitt „Links-Rechts-Orientierung" werden Stuhlkreis-Übungen behandelt. Eine Darstellung von Fingerspielen, Rhythmusbegleitungen von Liedern und anderen Elementen des Musikunterrichts würde den Rahmen dieser Veröffentlichung sprengen.

Material: Karten mit jeweils zwei Abbildungen.

1 Die Lehrerin spricht ein mehrsilbiges Wort betont rhythmisiert und klatscht den Rhythmus dazu. Bsp.: Feuerwehrauto.
Die Kinder sprechen und klatschen nach. In einem zweiten Schritt wird nur noch der Rhythmus vor- und nachgeklatscht.

2 Zwei Abbildungen sind vorgegeben, deren Begriffe im Sprechrhythmus deutlich voneinander abweichen. Die Lehrerin oder ein Kind klatschen den Rhythmus eines der beiden Wörter. Die anderen müssen das richtige Wort herausfinden.
Bsp.: ♪♪ ♪♪

3 Haben die Kinder eine Notation von Rhythmus kennengelernt und erarbeitet, kann eine entsprechende Übung in Kartenform vorgegeben werden. Die Kinder sollen dann das Wort herausfinden, das zum Rhythmus paßt.

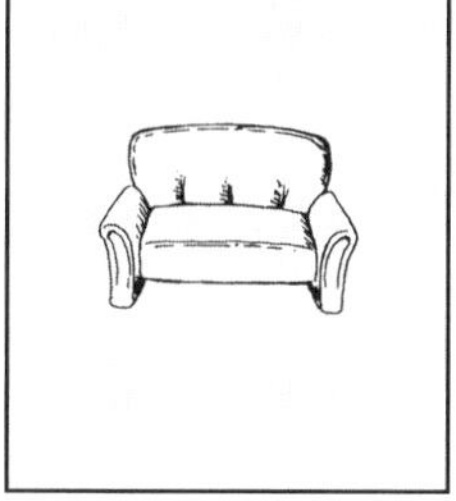

Links-Rechts-Orientierung

B E P G

Diese Raumorientierung ist von zentraler Bedeutung für das Erlernen des Lesens und Schreibens. Viele Kinder mit Lese-Rechtschreib-Schwierigkeiten haben Probleme mit der Raumlagesicherheit. Aber auch bei vielen anderen Kindern kommt es zumindest vorübergehend zu Unsicherheiten, z. B. zur b-d-Verwechslung. Insbesondere Kinder mit nicht eindeutiger Hemisphärendominanz, z. B. Linkshänder, weisen oft derartige Richtungsschwierigkeiten auf.
Die sichere Unterscheidung von links und rechts ist Voraussetzung für das Einschleifen der Lese- und Schreibrichtung. Dabei kommt es weniger auf die begriffliche Benennung als vielmehr auf die verinnerlichte Links-Rechts-Orientierung an. Für Kinder mit derartigen Richtungsproblemen stellt allerdings die klare begriffliche Trennung eine gute Hilfe zur Internalisierung des Richtungssystems dar.
Da nur ein Teil der Kinder einer jeden Klasse solche Schwierigkeiten erwarten lassen, brauchen die vorgeschlagenen Übungen nicht unbedingt von allen Kindern durchgeführt zu werden. Einiges läßt sich jedoch mit anderen Intentionen verknüpfen und kann deshalb für viele Kinder von Gewinn sein, anderes wird man differenziert einsetzen.
Um frühzeitig herauszufinden, welche Kinder womöglich Probleme mit der Raumlage bekommen, sollte zunächst das Augenmerk auf die Handdominanz der Kinder gelegt werden. Die Teile, die die optische Differenzierung in Lesevoraussetzungstests, wie z. B. der Differenzierungsprobe, überprüfen, eignen sich, um die Förderbedürftigkeit der Kinder festzustellen.
Folgender informeller Test kann eventuell auch Aufschlüsse über die bereits verinnerlichte Lese-Schreibrichtung geben. Geben Sie dem Kind ein kurzes Wort in großen Druckbuchstaben vor, ohne es vor seinen Augen zu schreiben, und lassen das Wort abschreiben. In welcher Richtung geht das Kind dabei vor?
Zur Einschleifung der Links-Rechts-Orientierung sollten möglichst alle Sinne angesprochen und von groben zu feineren Bewegungsformen gegangen werden.

1 Die linke Hand

Material: Ein Wollfaden, der um das linke Handgelenk gebunden wird.
Mit dem Umbinden des Fadens wird dem Kind gesagt, daß dies seine linke Hand sei. Im Sinne einer behaviouristischen Sicherung wird diese Zu-

ordnung immer wieder getroffen. Dabei ist möglichst auch das Elternhaus einzubeziehen. Das Kind prägt sich also zunächst ein, seine Fadenhand ist die linke Hand, die andere ohne Faden ist die rechte.
Anschließend wird das Kind nach der Links-Rechts-Zuordnung seiner anderen Körperteile gefragt. Es lernt durch diese ständigen Zuordnungen seinen Körper in eine linke und rechte Hälfte zu differenzieren.
Kleine Bewegungsspiele helfen bei der Absicherung. „Wir heben das linke Bein hoch.“ „Wir fassen mit unserer linken Hand ans linke Ohr.“ „Wir schließen nur das rechte Auge.“ „Wir malen einen Kreis mit der linken Hand.“
Klappt das alles ohne Probleme, kann auch mit der Überkreuzung der Körpermitte begonnen werden, mit der manche Kinder erhebliche Schwierigkeiten haben. „Die linke Hand geht zum rechten Fuß.“ „Die rechte Hand kratzt das linke Ohr.“
Erst wenn absolute Sicherheit in der Links-Rechts-Orientierung am eigenen Körper erreicht ist, wird der Faden abgenommen. Kinder mit sehr großen Schwierigkeiten bekommen auch um den linken Knöchel noch einen Faden, und die Zuordnungen werden zunächst strikt getrennt vorgenommen. Erst wird nur die gesamte linke Seite geübt, dann die rechte, dann abwechselnd und erst ganz am Schluß die Überkreuzung der Körpermitte.

2 Links-Rechts-Bewegung

Material: Bälle, Keulen.
Im Sportunterricht des ersten Schuljahrs, speziell in der Anfangsphase, wird der Schwerpunkt auf die spielerische Ausdifferenzierung der Grobmotorik gelegt. Viele Kolleginnnen beobachten neben immer mehr Wahrnehmungsdefiziten bei immer mehr Kindern erhebliche Motorik-Probleme. Etlichen Schulanfängern fällt es schwer zu balancieren, rückwärts zu gehen (womöglich gar eine Treppe hinauf), die Körpermitte zu kreuzen, koordinierte einfache Bewegungsabläufe wie Hopser, Ballwürfe o. ä. zu bewältigen.
Für das Lesen- und Schreibenlernen spielt im Bereich der Großmotorik vor allem die Links-Rechts-Orientierung eine große Rolle. Ihre Internalisierung kann mit verschiedenen üblichen Sportspielen verbunden werden, wenn dabei der Richtungsaspekt beachtet wird.

a) Einfache Bewegungsabläufe nach Anweisung zeigen Schwierigkeiten auf und trainieren gleichzeitig. Wichtig bei diesen Übungen ist die Ausgerichtetheit der Kinder zu Beginn, damit ihre Bewegungsrich-

tung für sie selbst und die Lehrerin kontrollierbar bleibt.
„Gehe drei Schritte seitwärts nach rechts." „Hüpfe mit beiden Beinen zweimal nach links." „Strecke beide Arme aus, und versuche, mit deinem linken Fuß bis an die Hände zu kommen." „Laufe zur rechten Wand." „Stelle dich nur auf den linken Fuß. Springe zur Seite. Lande auf dem rechten Fuß."

b) Reihenstaffeln. Die Kinder sitzen (stehen, liegen) in mehreren Reihen jeweils nebeneinander. Begonnen wird immer links. Ein Ball wird von Kind zu Kind weitergereicht (geworfen, gerollt, geprellt). Der letzte in der Reihe nimmt den Ball und läuft an den Anfang der Reihe. Dort beginnt das Spiel von vorne. Gewonnen hat die Gruppe, die zuerst wieder in der Anfangsanordnung sitzt.
c) Entsprechende Staffeln können ebenfalls in Kreisanordnung gespielt werden, wobei immer auf die Links-Rechts-Orientierung zu achten ist.

3 Stuhlkreis

Material: Wäscheklammern, Stück Papier, Schaumstoffball, Wasserglas, verschiedene Gegenstände zum Ertasten.
Alle diese Spiele werden grundsätzlich nur von links nach rechts durchgeführt.

a) „Mein rechter, rechter Platz ist leer" kann mit Variationen gespielt werden. So kann man sich zum Beispiel das gewünschte Kind als Tier herzitieren. Dabei sind die Bewegungen des Tiers nachzuahmen. Oder das gewünschte Kind kann sich verweigern. Mit allen gewaltfreien Mitteln kann versucht werden, es doch noch zum Kommen zu bewegen.
b) Jedes Kind hat eine Wäscheklammer. Ein Stück Papier soll im Kreis herumgegeben werden. Das Papier darf dabei nur mit den Klammern berührt werden. Dabei wird es mit Hilfe der linken Hand übernommen und mit der rechten Hand weitergegeben.
c) Die übliche „Stille Post" (geflüsterte Weitergabe einer Information im Stuhlkreis) wird ebenfalls nur in Schreibrichtung gespielt.
d) Ein Schaumstoffball wird mit Hilfe der Füße im Kreis herumgereicht.
e) Eine Geschicklichkeitsübung besonderer Art ist das Herumgeben eines vollen Wasserglases, ohne daß dabei etwas verschüttet wird. Geübte Gruppen können das auch einmal mit geschlossenen Augen versuchen.
f) Zur Förderung des Tastsinns können verschiedene Gegenstände mit geschlossenen Augen herumgereicht werden. Material, Beschaffenheit und Art des Gegenstandes sollen erfühlt werden.

g) Rhythmus-Übungen. Im Stuhlkreis können in der Links-Rechts-Richtung rhythmisierte Sätze nachgesprochen, geklatscht, gestampft, geschnippt usw. werden. Beispiel: „Mein Name ist Tobias und wer bist du?“ Bei „Mein Name ist“ patschen die Kinder mit beiden Händen auf den Oberschenkel den Rhythmus, bei „Tobias“ klatschen sie in die Hände, bei „wer bist “ schnipsen sie mit den Fingern, und bei „du?“ zeigen sie mit beiden Zeigefingern auf den rechten Nachbarn.
Es können auch reine Rhythmen weitergegeben werden.

4 Links-Rechts-Orientierung auf der Tischfläche

Material: a) dickes Buch, b) und c) Rechenplättchen (z. B. Plastikchips, Münzen, Knöpfe), d) Sortiermaterial (z. B. Holzpuzzles, Spielkarten) oder Rechenplättchen und Zehnertafel.

a) Rennbahn: Die Tische werden in Rechteckanordnung gebracht. Im Inneren des Rechtecks sitzt an jedem Tisch, etwa in der Mitte des Tisches, ein Kind. Es spielt immer eine Hälfte der Klasse, die andere sieht zu. An der linken Seite eines der Tische ist der Start. Dort liegt ein Buch oder ein anderer vergleichbarer Gegenstand, der sich gut schieben läßt. Auf Kommando wird nun der Gegenstand mit Hilfe der Schreibhand zum rechten Nachbarn geschoben. Der übernimmt ihn und schiebt ihn weiter. Die Zeit für eine oder mehrere Runden wird gestoppt, dann werden die Plätze mit der anderen Gruppe getauscht.

b) Die Kinder legen nach Anweisung der Lehrerin oder eines Mitschülers Rechenplättchen auf ihre Tische. „Links 4, rechts 6. Wo liegen mehr? Wieviel sind es mehr?“

c) Wie b), nur mit Zusatzanweisungen: „Schiebe drei Plättchen von links nach rechts.“

d) Sortieren von links nach rechts. Diese Übung kann man mit allen möglichen Gegenständen durchführen. Sind zum Beispiel Holzpuzzles vorhanden, so liegen links die Puzzleteile, rechts die Platte. Nach Zeit sind nun die Puzzleteile einzusortieren.
Sinnvoll erscheint eine Verknüpfung mit Rechenaufgaben, speziell mit dem Einprägen von Zahlenbildern.

Links liegen Rechenplättchen, rechts eine leere Zehnertafel. Nach Anweisung eines Mitschülers, der z.B. die Zahl „5“ nennt, werden nun entsprechend viele Plättchen in der richtigen Anordnung auf die Tafel gelegt.

5 Links-Rechts-Orientierung auf dem Papier

Material: Arbeitsblätter (DIN-A-4, Querformat) in Folienhüllen, Folienstifte.

a) Triff genau! Ein Mitschüler oder die Lehrerin geben das Kommando. Sie sagen eine Zahl von 1 bis 5 und einen der abgebildeten Begriffe. Jedes Kind soll nun in einem Zug einen Strich von dieser Zahl zur Zielscheibe des betreffenden Bilds ziehen. Keinesfalls darf abgesetzt werden.

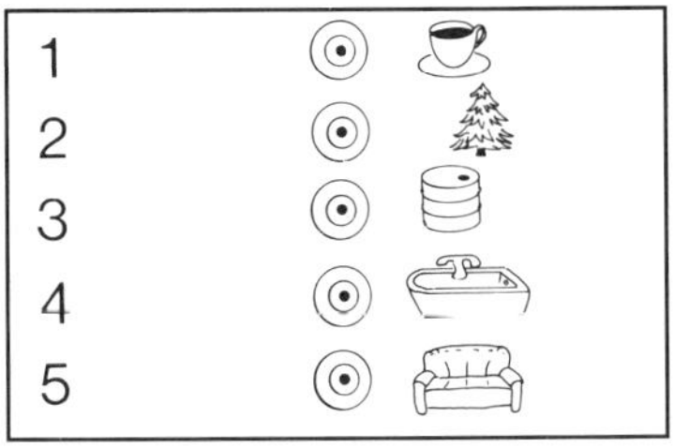

b) Labyrinthe: Mit Hilfe von vier Farbstiften, am besten Filzstiften, soll nun in jeweils einem Zug, ohne abzusetzen, jede Linie nachgefahren werden. Es kommt auf die Geschwindigkeit an.

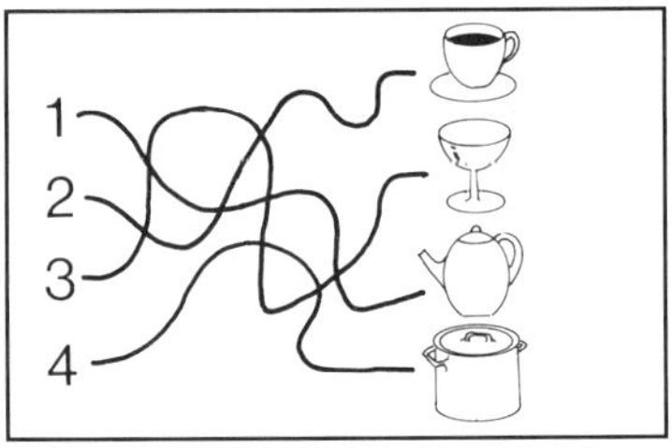

Eine Reihe weiterer Übungen können dem Vorschlag „Links-Rechts" entnommen werden. Sollen die dort genannten Aufgaben zur Festigung der Links-Rechts-Orientierung am Schulanfang genutzt werden, müssen die Spielregeln von der Lehrerin erklärt oder vorgelesen werden.

6 Akustische Orientierung

Material: Verschiedene Geräuschquellen.

Werden diese Übungen nicht im Einzeltraining durchgeführt, ist die gleiche räumliche Ausrichtung der Kinder Voraussetzung. Für eine bessere Konzentration sollen die Augen geschlossen sein.

Es wird ein Geräusch erzeugt. Die Kinder sollen hören, ob es von links oder rechts kommt. Zusätzlich können folgende Aufgaben gestellt werden: Von wo nach wo bewegt sich die Geräuschquelle? Wird der Ton leiser oder lauter, höher oder tiefer? Um welche Art von Geräusch handelt es sich?

Setzleisten-Kärtchen

E

Material: Holzleisten mit einer oder 2 Nuten oder aus Karton hergestellte Stecklaschen. Aufgabenkärtchen mit 2 Teilen: Der untere Teil darf nur so groß sein, daß er in der Setzleiste verschwindet. Er enthält die Lösung. Der größere, obere Teil ist für die Aufgabenstellung gedacht. Die Kärtchen werden in die Leiste gesteckt, so daß die Lösungen nicht zu sehen sind. Nach der Bearbeitung der Aufgabe zieht das Kind die Karte zur Selbstkontrolle heraus.

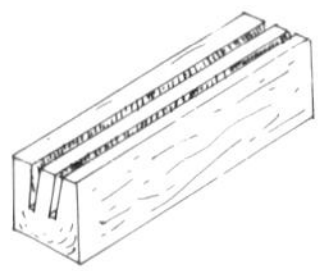

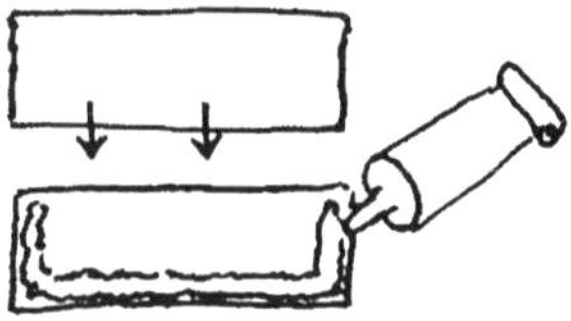

1 Laut-Analyse -Karten

Aufgabenteil: Bild und Buchstabe. Die Kinder sollen hören, ob der Laut des Buchstabens so ähnlich im Wort zu hören ist.
Lösungsteil: Ist der Laut nicht zu hören, sieht man einen Strich. Ist er zu hören, sieht man das vollständige Wort mit hervorgehobenem Buchstaben.
Analyse

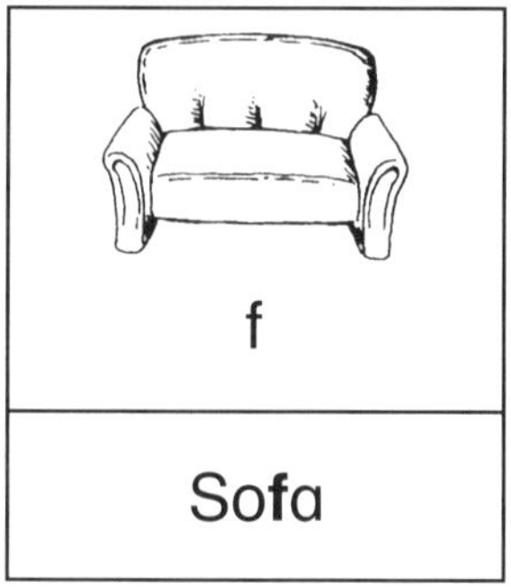

2 Stellungslaute

Es können die gleichen Aufgabenkarten wie bei **1** verwendet werden. Zusätzlich haben die Kinder Aufgabenblätter, die Dreierkästen enthalten: Es soll abgehört werden, wo der betreffende Laut im Wort so ähnlich wiederentdeckt werden kann: am Anfang, am Ende oder irgendwo dazwischen. Der Buchstabe soll

dann in das entsprechende Feld des Dreierkastens geschrieben werden. Spezielle Aufgabenkarten für diese Übung enthalten im Aufgabenteil neben dem Bild und dem Buchstaben einen kleinen, leeren Dreierkasten, der die Aufgabe anzeigt. Der Lösungsteil kann entweder einen Dreierkasten mit eingetragenen Buchstaben oder das vollständige Wort mit hervorgehobenem Buchstaben enthalten.
Analyse

3 Anlaut-Karten

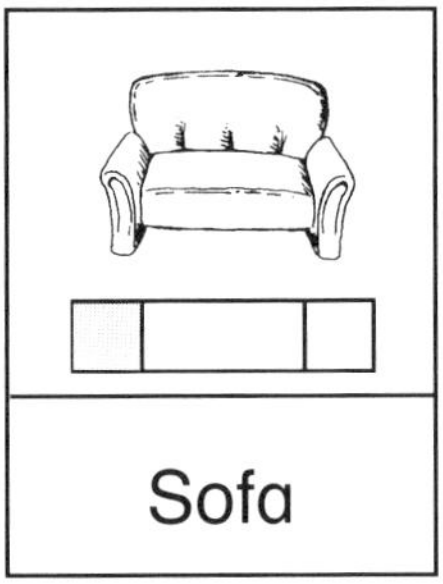

Der Aufgabenteil enthält ein Bild und zur Kennzeichnung der Aufgabe evtl. einen Dreierkasten mit hervorgehobenem ersten Teil. Der Lösungsteil enthält das vollständige Wort mit hervorgehobenem Anfangsbuchstaben. Die Kinder hören den Anfangslaut ab und schreiben den betreffenden Buchstaben auf einen Zettel.
Analyse

4 Analyse-Synthese-Karten*

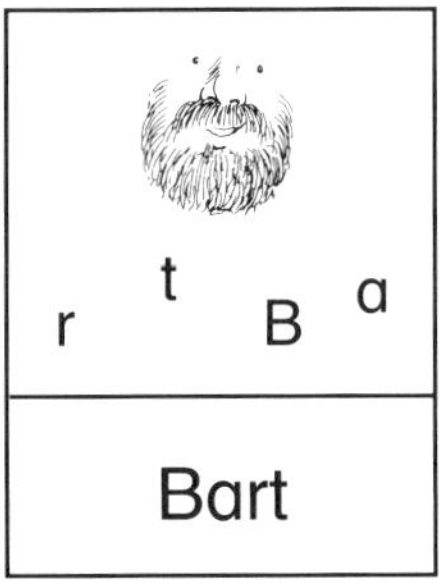

Aufgabenteil: Bild und alle Buchstaben des Worts in ungeordneter Folge. Lösungsteil: Das richtig geschriebene Wort.
Die Kinder analysieren das Wort vom Anfang bis zum Ende und schreiben es aufbauend, synthetisierend in ein Heft oder ein Arbeitsblatt. Diese Aufgabenform ist wegen ihrer vollständigen Strukturierung sehr gut geeignet, den Sprache-Schrift-Zusammenhang einsichtig zu machen.

*Als Kopiervorlagen zur Tobi-Fibel gibt es 28 solcher Aufgabensätze mit jeweils 8 Karten.

Strukturierung

5 Lückenwort-Karten

a) Aufgabenteil: Bild und Wort mit einer Lücke. Lösungsteil: Vollständiges Wort, evtl. mit hervorgehobenem Einzelbuchstaben.
Das Kind spricht sich das Wort gedehnt vor und dringt an Hand der vorgegebenen Buchstaben in die Lautstruktur des Worts ein. Für Kinder mit Lautanalyse-Schwierigkeiten ist diese Übung eine hervorragende Hilfe, da die vorhandene Buchstabenfolge ein Raster darstellt, das die Lautabfolge aufzuschlüsseln hilft.

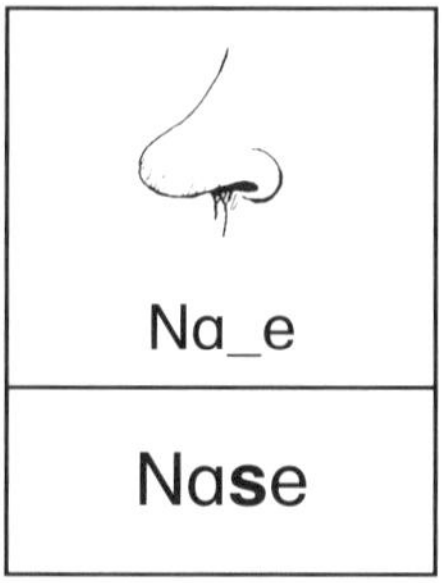

b) Vokal-Lücken:
Aufgabenteil: Bild und Wort, bei dem ein Vokal fehlt. Dazu werden zwei Vokale zur Auswahl vorgegeben. Lösungsteil: Vollständiges Wort, evtl. mit hervorgehobenem Einzelbuchstaben.
Strukturierung

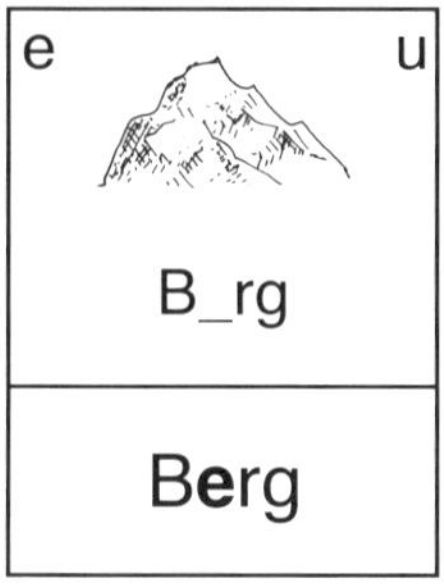

6 Reimpaare

a) Bild-Bild:
Aufgabenteil: Größeres Bild, darunter 3 bis 4 kleinere Bilder. Eines der kleineren Bilder repräsentiert ein Wort, das sich auf das Wort des großen Bilds reimt. Lösungsteil: Das richtige Reimbild und evtl. beide Reimwörter.
Sprachvergegenständlichung

b) Bild-Wort:
Aufgabenteil: Bild und darunter 3 bis 4 Wörter. Eines reimt sich auf das Bildwort. Es soll aufgeschrieben werden. Lösungsteil: Das richtige Wort.

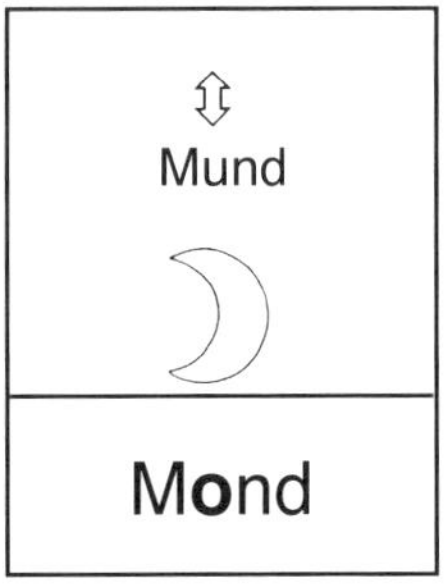

Strukturierung

c) Bild-Lückenwort:
Aufgabenteil: Bild mit Wort, bei dem der Anfangsbuchstabe fehlt. Dazu 5 oder 6 Buchstaben zur Auswahl. Sie sollen der Reihe nach eingesetzt werden. Es soll geprüft werden, ob sich das Bildwort oder ein Reimwort ergibt. Bildwort und Reimwörter sollen geschrieben werden. Lösungsteil: Bildwort und Reimwörter.

Strukturierung

7 Lesekarten

a) Silbensynthese:
Aufgabenteil: Eine Silbe ist vorgegeben. Für die zweite Silbe stehen mehrere Auswahlmöglichkeiten zur Verfügung. Sie sind numeriert. Nur eine Ergänzungssilbe ermöglicht ein sinnvolles Wort. Lösungsteil: Die Nummer der richtigen Silbe. Dazu entweder das vollständige Wort oder ein entsprechendes Bild.

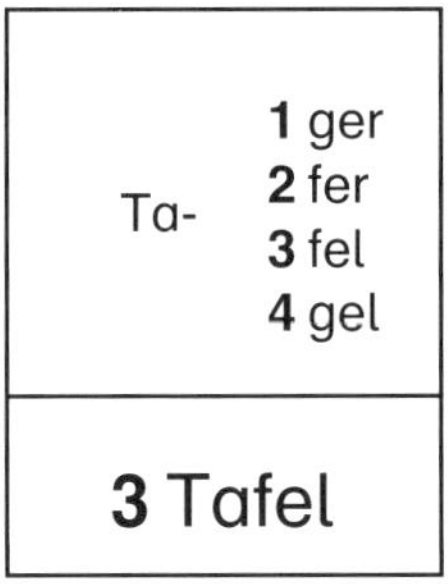

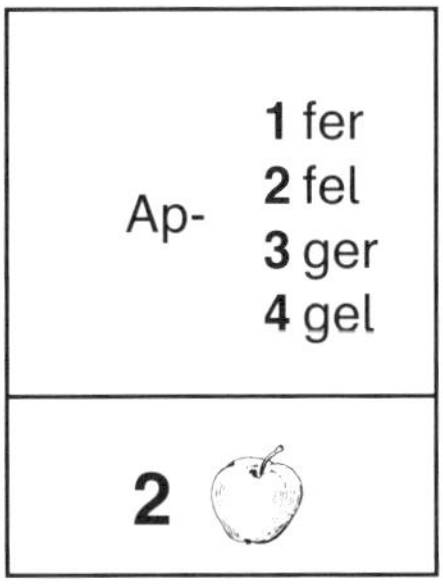

Synthese

b) Wort-Bild-Zuordnung:
Aufgabenteil: 3 oder 4 Wörter und ein Bild. Eines der Wörter bezeichnet den abgebildeten Gegenstand. Das Bild gibt den Wortklang vor. So wird die zielgerichtete Synthese besonders unterstützt. Lösungsteil: Das richtige Wort.

Synthese

c) Bild-Wort-Zuordnung:
Aufgabenteil: 3 Bilder und ein Wort. Auch in diesen Übungen wird die Synthese durch eine gesteuerte Voraussetzung erleichtert. Lösungsteil: Die richtige Abbildung oder die richtige Nummer des Bilds.

Synthese

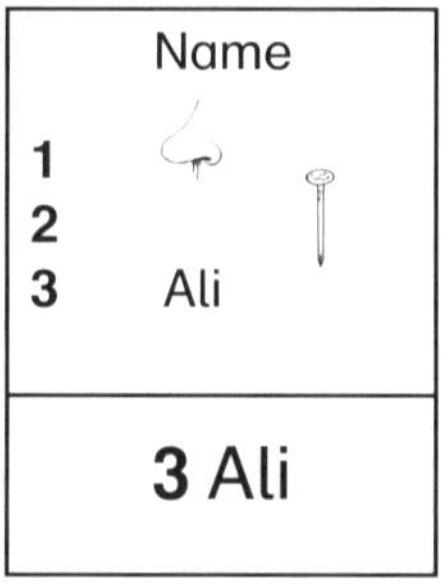

8 Schreibkarten

a) Wie 4, 6 b, 6 c, 7.
b) Lautgetreue Wörter:
Aufgabenteil: Abbildung; dazu ein Lautkasten, der die Anzahl der Buchstaben vorgibt. Lösungsteil: Wort

Strukturierung

9 Anlaute

Vier Abbildungen werden vorgegeben. Drei der Begriffe beginnen mit dem gleichen Anlaut. Der Begriff mit dem abweichenden Anlaut ist herauszufinden. Eventuell wird auch der Anfangsbuchstabe dazugeschrieben.

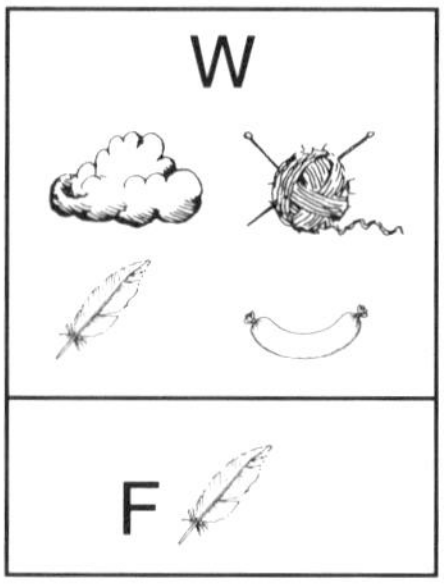

Lese-Kästen

E P

Material: In vielen Schulen sind Lese-Kästen vorhanden. Sie enthalten Buchstabenkärtchen aus Karton und Setzleisten. Manche Lesekästen bestehen aus Magnetbuchstaben und dazugehöriger Hafttafel.
Für Differenzierungsübungen eignen sich Aufgaben auf Setzleistenkärtchen oder Wendekärtchen. Sie ermöglichen einfache Selbstkontrolle.

1 Siehe Übungen Setzleistenkärtchen 3 (der richtige Buchstabe muß gesteckt werden), 4 (das vollständige Wort wird gesetzt), 5, 6 b, 6 c, 7, 8 b. (Übung 7 eignet sich besonders für Lesekästen. Das 1.Wort wird nachgesetzt. Anschließend braucht nur ein Buchstabe ausgetauscht zu werden.)
Strukturierung

2 Siehe Übung Wendekärtchen: Anfangs- und Endbuchstabe werden gesetzt. Der Partner steckt einen vermuteten Buchstaben an die entsprechende Stelle.
Strukturierung

3 Aufgabenteil: Ein Wort, das nachgesteckt werden soll. Gekennzeichnet ist der Buchstabe, der weggenommen werden soll. Der dafür einzusetzende Buchstabe ist angegeben. Dazu gibt es einige Abbildungen. Zur Abbildung, die zum Ursprungswort paßt, wird eine 1 geschrieben, zur Abbildung des Zielworts eine 2.
Strukturierung

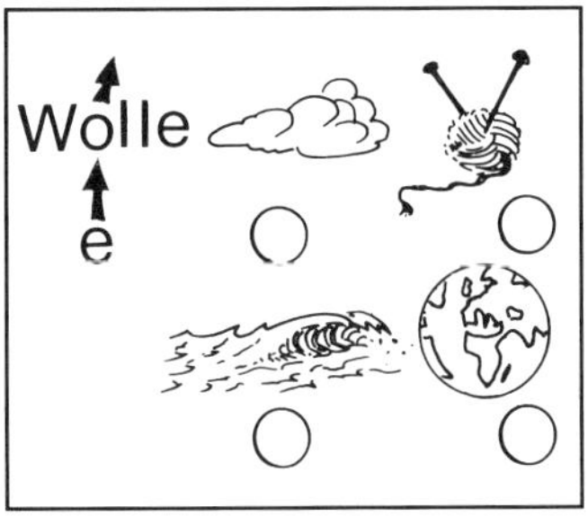

4 Partnerübung: Ein Wort ist vorgegeben, das von einem Kind gesetzt wird. Der Partner tauscht einen Buchstaben so aus, daß ein sinnvolles Wort entsteht. Das erste Kind soll das Wort lesen. Findet der Partner kein Lösungswort, darf er auf der Rückseite nachsehen.
Strukturierung

Hose	Rose Dose Lose Hase

5 Ein Wort ist mit Abbildung und Wortbild gegeben. Eine Bildreihe zeigt die jeweiligen Zielwörter an. Dabei darf immer nur ein Buchstabe ausgetauscht werden.
Strukturierung

Sonne

Sonne
Tonne
Tanne

Welcher Buchstabe fehlt? E P

Material: Wortkärtchen mit der Lösung auf der Rückseite, Buchstabenkärtchen. Auf einem Kärtchen stehen drei einfache Wörter. Es fehlt jeweils ein Buchstabe, und zwar in allen drei Wörtern der gleiche. Er ist zu erraten. Entweder ist er aufzuschreiben, ein Buchstabenkärtchen zu zeigen oder nur zu nennen.
Variante: Es stehen oben auf dem Kärtchen zwei Buchstaben zur Auswahl.
Strukturierung

_oll
En_e
al_

t

M m N n
_und
Ar_
O_a

m

Schubladen-Spiele (I) E P

Material: Kleinteile-Magazin aus dem Baumarkt, verschiedene kleine Gegenstände zum Füllen der Schubladen (Kleinspielzeug wie Tiere, Lego-Männchen, Playmo-Teile, Murmeln, Würfel, Schachteln aus dem Kaufmannsladen usw.), anderer Kleinkram wie Radiergummis, Anspitzer, Fingerhut, Puppenkleidung,

Schnürsenkel, Briefmarken, Lupe, Knöpfe, Ringe, Nägel, Dübel, Schrauben, Steinchen usw. oder auch Abbildungen.

1 Anlaut-Übungen

Die Schubladen werden so bestückt, daß jeder Gegenstand einen anderen Anlaut repräsentiert. Die Kinder haben Buchstabenkärtchen und ordnen sie den Gegenständen zu. Zur Kontrolle befindet sich in der Schublade ein zweites Buchstabenkärtchen.
Variante: Die Kontrollkärtchen in den Schubladen sind stets umgedreht oder befinden sich in einem Umschlag. Das Kind zieht eine Schublade, hört den Gegenstand-Namen nach dessen Anlaut ab, schreibt den entsprechenden Buchstaben auf einen Zettel und schaut zur Kontrolle das Kärtchen an.
Analyse

2 Wort-Leseübung

Wie 1, nur daß jetzt die vollständigen Wörter gelesen werden sollen. (Quelle: ERIKA BRINKMANN: Lese- und Schreibsituationen in der Lernwerkstatt. In: Teilhabe an der Schriftkultur in Schule und Gesellschaft, Hamburg 1993, S. 17)
Variante: Damit die richtigen Schubladen leichter gefunden werden können, kann die Lage angegeben werden: 3 rechts, 4 runter.
Strukturierung

3 Zusätzlich können zu den Gegenständen Wendekärtchen mit entsprechenden Lückenwörtern liegen, deren Rückseiten das vollständige Wort enthalten. (Vgl. Setzleistenkärtchen, Übung 5 a). Auch Analyse-Synthese-Karten (vgl. Setzleistenkärtchen, Übung 4) können als Wendekärtchen beiliegen. Jeweils ist das vollständige Wort zu schreiben.
Strukturierung

4 Silbenanzahl bestimmen

Die Kinder klatschen die Silben zu den Gegenstandsnamen und schreiben für jede Silbe ein Kreuz. Neben den Gegenständen befinden sich in den Schubladen verdeckt Lösungskarten, die ebenfalls die Silbenkreuze enthalten, und zusätzlich das Wort, zerlegt in Silben.
Sprachvergegenständlichung

Lippen-Lesen

P G

Material: Bildkärtchen mit drei Abbildungen, Buchstabenkärtchen, Wortkarten.

Brot

Esel

Gans

Das Bildkärtchen enthält drei Abbildungen, die alle ein einfaches, lautgetreues Wort repräsentieren. Ein Kind artikuliert eines dieser Wörter stumm. Die anderen sollen es von den Lippen ablesen und nennen.

Varianten:

- Dasselbe, aber nur mit Anlaut.
- Die Kinder, die den Laut oder das Wort erraten haben, schreiben die Lösung auf. Sie steht jeweils auf der Rückseite.
- Auf der Karte stehen einfache Wörter. Die Lehrerin oder ein Kind artikuliert ein Wort stumm. Die anderen sollen es herausfinden. Eventuell kann auch die Lösung aufgeschrieben werden.

Oma

Opa

Ofen

Strukturierung

Buchstaben-Puzzle

E P

Material: Buchstabenkärtchen

Die Lehrerin legt dem Kind ein einfaches Wort mit Buchstabenkärtchen: z. B. m a l. Das Kind soll die Klänge der Einzelbuchstaben nennen. Die Anlauttabelle kann dabei helfen, falls es Schwierigkeiten gibt. Nun mischt die Lehrerin die Kärtchen: l a m. Sie spricht jetzt das Wort mal normal artikuliert und gedehnt vor. Das Kind soll das Wort mit den Kärtchen nachlegen. Auf diese Weise werden Differenz und Zusammenhang „Summe der Einzellaute" und „Wortklangbild" besonders deutlich.

Synthese

Fühl-Wörter

E

Material: Auf Kartonbögen (DIN-A-6-quer) werden Buchstaben geklebt, die aus Pappe ausgeschnitten wurden. Auf jede Karte kommt auf diese Weise ein kurzes Wort. Die Buchstaben können auch aus aufgeklebten Schnüren, Sand (einfach

Sand auf nasse Klebespuren geben) oder nur aus getrockneten Klebespuren bestehen. Der Anfang jedes Worts muß besonders markiert sein, damit die Leserichtung klar ist: z. B. durch ein Loch.
Die Wörter sollen mit geschlossenen Augen ertastet werden. Wer schafft es, die Buchstaben zu erkennen? Wer kann das ganze Wort lesen?
Buchstaben, Strukturierung

Luft-Schreiben P G

Material: Einige Buchstaben sind schriftlich vorgegeben, z. B. durch Kärtchen, Anlautbildchen, Vorlagen mit einfachen, lautgetreuen Wörtern.
Ein Kind schreibt mit dem Finger einen dieser Buchstaben groß in die Luft. Die anderen müssen ihn erraten. Sie nennen den Klang des Buchstabens und zeigen das richtige Kärtchen.
Variante 1: Es sind nur Großbuchstaben vorgegeben. Das Kind schreibt aber einen der Kleinbuchstaben. Die anderen müssen wieder den Laut nennen und den Großbuchstaben zeigen.
Variante 2: Die anderen Kinder schreiben den erkannten Buchstaben auf ein Blatt Papier. Zur Kontrolle wird der Buchstabe an die Tafel geschrieben.
Variante 3: Wie 1 und 2, jedoch als Partnerübung mit Fingerschreiben auf dem Tisch.
Variante 4: Vor jedem Kind liegen einige Anlautbildchen. Ein Kind wählt sich einen der Anlaute aus und schreibt den Anfangsbuchstaben in die Luft. Die anderen müssen das passende Anlautbild finden.
Variante 5: Ein Kind schreibt ein kurzes, lautgetreues Wort in die Luft. Es kann dazu eine Vorlage erhalten. Es sagt dabei an, wann ein neuer Buchstabe beginnt. Die anderen versuchen, das Wort zu lesen.
Variante 6: Wie 5, nur daß die Ratenden zusätzlich das Wort, nachdem sie es vollständig gelesen haben, aufschreiben.

Rücken-Schreiben P

Material: Buchstabenkärtchen.
Ein Kind schreibt seinem Partner mit dem Finger einen Buchstaben auf dessen Rücken. Dieser soll den Klang sagen und das Buchstabenkärtchen zeigen.
Varianten: analog zu „Luft-Schreiben".

Streifenschieber

E P

Material: Kartonstreifen, die in Buchstabenkästen unterteilt werden. Er wird mit einem Wort beschriftet, bei dem ein Buchstabenkasten frei bleibt. In dieses Feld werden oben und unten waagerechte Schlitze geschnitten. Auf einen zweiten Kartonstreifen, der die Breite der Schlitze hat, werden die Buchstaben geschrieben, die das Wort ergänzen können.
Strukturierung

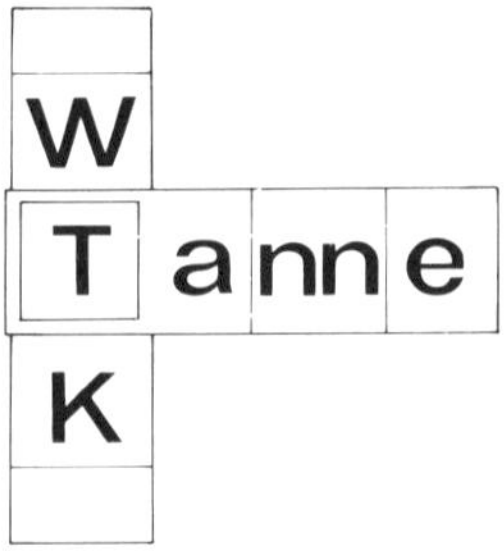

Wort-Klappkarten

E P

Material: Kartonstreifen mit Lautkastenverteilung, wobei die Buchstabenkästen Einheitsbreite haben müssen. Weitere Kartonrechtecke in der Größe der Buchstabenkästen, die so auf den breiten Streifen geklebt werden sollen, daß sie hochklappbar sind. Auf dem breiten Streifen steht ein Wort. Auf den geklebten Abschnitten stehen Buchstaben. Durch Hochklappen der Buchstaben ergeben sich Wortveränderungen. Bei Einhalten einer entsprechenden Reihenfolge entstehen Wortketten. Die Reihenfolge wird durch kleine Nummern auf den Buchstabenkarten vorgegeben. Ein Beispiel für eine Wortkette: Rose – Dose – Hose – Hase – Hast – Halt – kalt.
Strukturierung

Memories

P G

Das bekannte Memory-Spiel kann mit folgenden Paar-Beschriftungsvarianten versehen werden: Große Buchstaben – kleine Buchstaben, Druckschrift-Buchstaben – Schreibschrift-Buchstaben, Anlautpaare (Bild – Bild, Bild – Buchstabe, Bild – Wort), Silben-Ergänzungen (z. B.: Na-se).
Buchstaben, Analyse, Synthese

Wörter kneten

E P

Material: Schachtel mit etwas Knete und eine Kartei mit Bildchen, die einfache lautgetreue Wörter repräsentieren.
Das Wort ist zu kneten. Die Rückseite der Bildkärtchen zeigt die Lösung.
Strukturierung

Wörter stempeln

E P

Material: Stempelkästen aus Verlagsangeboten.

1 Abbildung mit Buchstabenkästen. Der Anlaut ist abzuhören, und der Anfangsbuchstabe ist zu stempeln.
Analyse

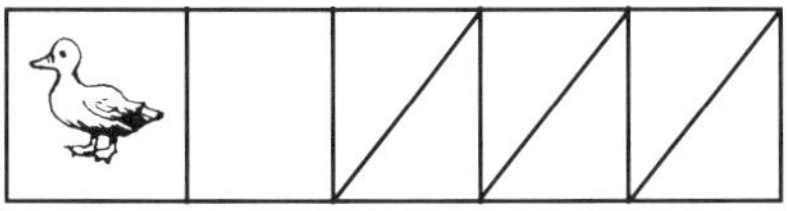

2 Abbildung und Buchstabenkasten mit eingetragenem Wort. Der fehlende Laut ist abzuhören und der entsprechende Buchstabe zu stempeln.
Strukturierung

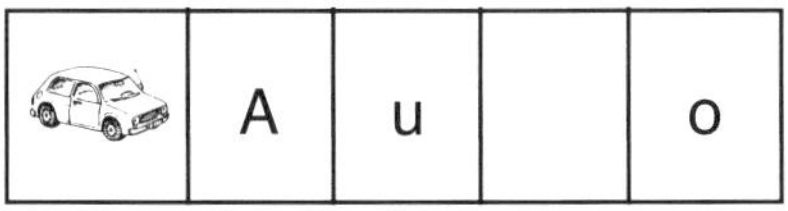

3 Ein Buchstabe ist vorgegeben. Der Großbuchstabe ist dazuzustempeln oder umgekehrt.
Buchstaben

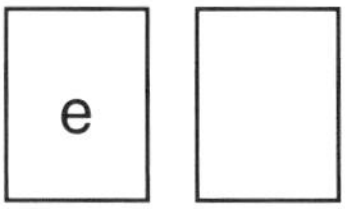

4 Eine Abbildung ist vorgegeben. Der Anlautbuchstabe ist als Groß- oder Kleinbuchstabe zu stempeln.
Buchstaben

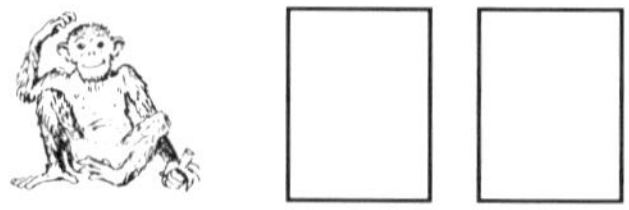

5 Weitere Möglichkeiten in Stichworten:
- Wie 3, jedoch zusätzlich einige Abbildungen, die unterschiedlichen Anlauten entsprechen. Der fehlende Teil des Buchstabenpaars ist zu stempeln, das richtige Anlautbild ist auszumalen.
- Einfache, lautgetreue Wörter sind in Buchstabenkästen zu stempeln. Ein Bild gibt jeweils das Wort vor.
- Ein Wort ist in Steinschrift vorgegeben. Es ist in Gemischt-Druckschrift zu stempeln.
- Ein Wort ist aufgeschrieben. Reimwörter, die durch Abbildungen vorgegeben sind, werden gestempelt.
- Zwei Reimwörter in Buchstabenkästen sind vorgegeben. Es fehlen jeweils die Anfangsbuchstaben. Diese sind zu stempeln. Die möglichen Wörter stehen zur Kontrolle auf der Rückseite.

Buchstaben, Strukturierung

Wendekärtchen

P

Material: Beidseitig beschriftete Kartonkarten.
Alle Übungen, die bei den Setzleisten-Kärtchen beschrieben wurden, können ebenso mit Wendekärtchen gestaltet werden. Auf der Vorderseite steht dann jeweils der Aufgabenteil, und der Lösungsteil befindet sich auf der Rückseite.
Wendekärtchen eignen sich eher zur Partnerarbeit, da ein Kind sich die Aufgabenseite ansehen kann, während für den Partner die Rückseite einsehbar ist.

Zusätzliche Übung:

Wörter raten

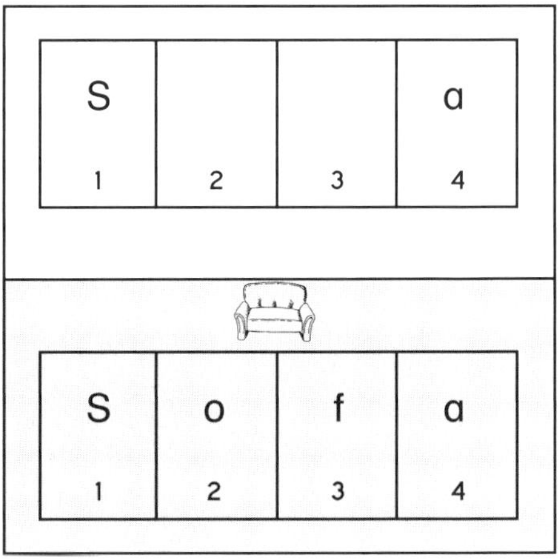

Aufgabenseite: Lautkästen, in die Anfangs- und Endbuchstaben eingetragen sind. Die Kästen sollten numeriert sein. Lösungsseite: Das Lösungswort und dazu eine Abbildung.
Das ratende Kind schreibt sich am besten den Lautkasten mit den Buchstaben ab. Es nennt einen Buchstaben, von dem es glaubt, daß er Teil des Worts ist. Stimmt der Buchstabe, wird er an die richtige Stelle geschrieben, die vom Partner verraten wurde. Stimmt er nicht, wird der erste Strich eines Hampelmännchens gezeichnet. Hat der Ratende das Wort herausbekommen, bevor das Hampelmännchen fertig ist, kommt er noch einmal an die Reihe, andernfalls wechseln die Partner die Aufgabe. Der Hampelmann besteht aus 6 Strichen.

Strukturierung

Anlaut-Blätter

E P G

Material: Blanko-Heft oder leere Blätter, alte Kataloge, Zeitungen, Prospekte.
Auf jede Seite kommt ein anderer Buchstabe. Dies kann frei im offenen Unterricht oder nach Aufbau im Leselehrgang geschehen. Die Kinder schneiden Anlautbilder zu dem Buchstaben aus und kleben sie auf das Blatt. Dazu kommen Groß- und Kleinbuchstaben, die aus Zeitungen ausgeschnitten werden. Selbstverständlich können die Buchstaben auch geschrieben werden. Wer die Namen der Gegenstände schreiben möchte, kann auch dies tun.
Diese Übungen können auch als Hausaufgaben aufgegeben werden. Es „lesen“ dann immer einige Kinder ihre Anlautbilder vor. Die anderen achten darauf, ob sie auch wirklich mit dem betreffenden Laut beginnen.
Buchstaben

Ich sehe was, was du nicht siehst

P G

Material: Buchstabenkärtchen
Ein Kind denkt sich einen Gegenstand aus dem Klassenzimmer, der für alle sichtbar ist. Es sucht sich aus einer vorgegebenen Reihe von Buchstaben den Anfangsbuchstaben und hält das Buchstabenkärtchen hoch: „Ich sehe was, was ihr nicht seht, und das fängt mit diesem Buchstaben an.“ Die anderen müssen den gesuchten Gegenstand erraten. Wer den richtigen gefunden hat, darf die nächste Aufgabe stellen.
Variante 1: Wer einen Begriff mit dem richtigen Anfangsbuchstaben nennt, erhält eine Spielmarke, auch wenn es nicht der gesuchte Begriff ist.
Variante 2: Das Ganze wird ohne Buchstabenkärtchen gespielt. Das Kind nennt dann den Anfangslaut.
Buchstaben

Quartette

G

Material: Kartenspiele mit 4 bis 8 Sätzen von Quartetten (je 4 zusammengehörende Karten). Gespielt wird nach den üblichen Quartett-Regeln. Erleichtert wird das Spiel, wenn die Mitspieler ihre Karten nicht in der Hand halten müssen, sondern sie in Holzsetzleisten stecken können. So können sie selbst alle ihre Karten einsehen, ihre Mitspieler jedoch nicht.

1 Buchstaben-Quartett

Alle 4 Schriftarten eines Buchstabens ergeben ein Quartett.
Buchstaben

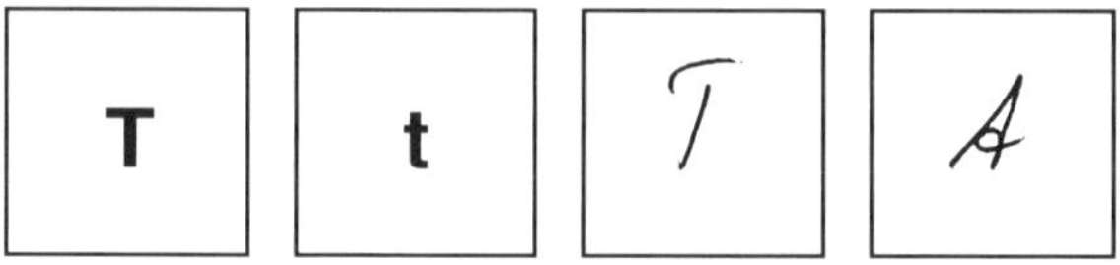

2 Synthese-Quartett

Die 4 Karten eines Quartetts enthalten ein gemeinsames Bild-Symbol und zusätzlich einen Buchstaben eines viergliedrigen Worts. Die zusammengehörenden Karten müssen gesammelt und das Wort muß gebildet werden.
Nach dem Ablegen des vollständigen Quartetts muß das entstandene Wort vorgelesen werden.
Synthese

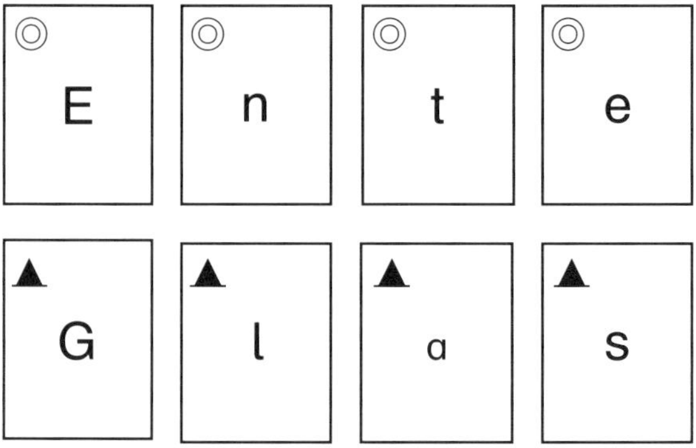

Silbenkärtchen

B E P

Material: Wende- oder Setzleistenkärtchen.

1 Wie viele Silben?

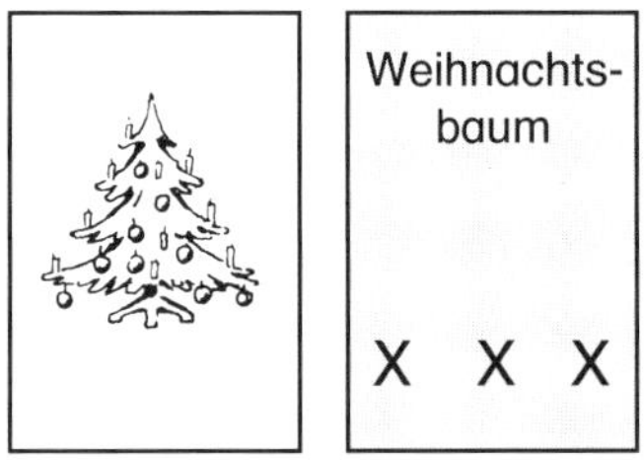

Es ist jeweils eine Abbildung vorgegeben. Die Kinder sollen das betreffende Wort mit Hilfe von Klatschen in seine Sprechsilben zerlegen. Für jede Silbe kann ein Plättchen gelegt oder ein Kreuzchen geschrieben werden. Die Lösung zeigt die Anzahl der Silben und eventuell das in Silben zerlegte Wort.
Sprachvergegenständlichung

2 Welches Bild paßt?

Gegeben ist eine Silbenanzahl. Zwei Abbildungen mit Wörtern unterschiedlicher Silbenzahl stehen darunter. Das richtige Bild ist zu bestimmen.
Sprachvergegenständlichung

3 Welches Wort fängt anders an?

Vier Wörter werden durch Abbildungen vorgegeben. Drei davon haben die gleiche Anfangssilbe. Das Wort mit der abweichenden ersten Silbe soll gefunden werden. Die richtige Silbe kann zusätzlich aufgeschrieben sein.
Sprachvergegenständlichung

Silben-Puzzles

B E G

Material: Kartonkarten, die auf einer Seite mit einem Bild versehen werden, das ein zweisilbiges Wort repräsentiert. Die Karte wird in der Mitte auseinandergeschnitten, so daß auch das Bild in zwei Hälften zerfällt. Auf die Rückseiten der Kartenhälften werden die beiden Silben des Worts geschrieben. Die Anfangssilbe sollte dabei jeweils gesondert gekennzeichnet sein. Einige solcher Silbenpaare werden zu einem Spiel zusammengefaßt.
Die Kärtchen werden so auf dem Tisch ausgebreitet, daß die Silben zu sehen sind. Passende Silben sind zusammenzufügen. Die Kontrolle geschieht durch Wenden des Kartenpaars. Es muß ein vollständiges Bild entstehen.

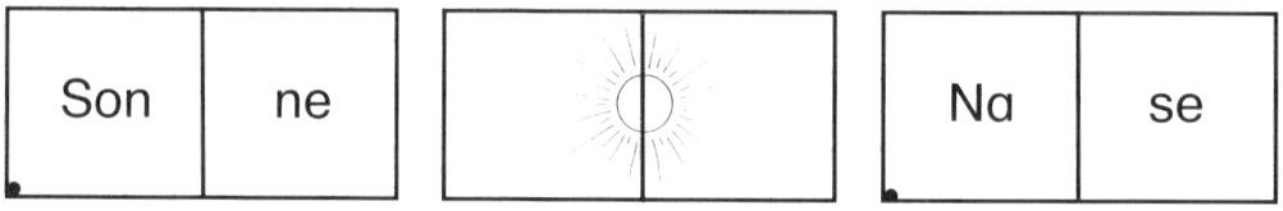

Diese Spiele können dem Buchstabenaufbau eines Lehrgangs angepaßt werden, setzen aber recht viele Buchstaben voraus.
Synthese

Synthese-Streifen

E P

Material: Aus Karton werden Laschen gefaltet und geklebt, durch die man Kartonstreifen ziehen kann. Die Kartonstreifen sollten stets etwas länger sein als die Lasche, damit ein Ende immer herausragt. Die Streifen werden mit Wörtern beschriftet.

Wird der Streifen schrittweise herausgezogen, können die sichtbar werdenden Wortteile aufbauend erlesen werden. Auf der Rückseite des Streifens kann zur Kontrolle eine entsprechende Abbildung stehen. Die Streifen können beidseitig beschriftet sein.

Diese Übung kann sehr gut dem Buchstabenaufbau eines Lehrgangs angepaßt werden.

Synthese

4. Mit Lust und Laune lesen und schreiben

4.1. Lesen in Phase 2: Anwendung, Vertiefung, Ausweitung

Mit der gezielten Hinführung zur Buchstabenschrift werden die Kinder sehr früh in die Lage versetzt, selbständig zu arbeiten. Wer das Schriftprinzip erfaßt hat, kann einfache, zuvor nicht geübte Wörter lautierend erlesen, wenn die Buchstaben-Laut-Korrelationen bekannt sind. Wer dieses entscheidende Ziel erreicht hat, kann nun im Grunde selbstgesteuert und eigenaktiv weiterlernen, wenn ihm entsprechendes Übungsmaterial angeboten wird. Wie ein differenzierter Schrifterwerbsunterricht aussehen kann, der den Möglichkeiten und Bedürfnissen der Lehrerinnen, der einzelnen Kinder und der Gruppe gleichermaßen gerecht wird, wurde im ersten Teil dieses Buchs bei der Diskussion der Thesen über Fibelunterricht skizziert.
Daß auf einen klar strukturierten Lehrgang nicht verzichtet werden kann, sollte dort verdeutlicht werden; zumindest muß er im Kopf der Lehrerin angelegt sein. Mit dem Erfassen des Leseprinzips ist das wichtigste Ziel dieses Lehrgangs erreicht. Im Anschluß geht es darum, die Kinder die erworbenen Einsichten und Fähigkeiten erproben, verbessern und ausweiten zu lassen. Dazu bedarf es eines differenzierten und umfangreichen Übungsangebots, das den unterschiedlichen Fähigkeitsstufen, Arbeitstempi und Interessen der Kinder gerecht wird.
Die grundlegenden Prozesse bei all diesen Übungen sind zunächst stets gleich. Es werden Wörter und darauf aufbauend Sätze und Texte lautierend erlesen bzw. verschriftet. Mit jedem gelungenen selbständigen Lese- und Schreibvorgang werden dabei jeweils alle erforderlichen Teilfertigkeiten mitgeübt und auf diese Weise gefestigt und optimiert. Die Sprache-Schrift-Zusammenhänge, die anfangs vielleicht nur grob und diffus erfaßt worden sind, werden mit diesen Lese- und Schreibabläufen deutlicher und differenzierter. Enthalten die Übungen eine sofortige Rückmeldung durch Selbstkontrolle oder durch einfache, rasche Fremdkontrolle und ist der Erfolg womöglich noch dauerhaft dokumentiert, ist mit jedem erfolgreichen Vorgang eine Erfolgsbestätigung und damit eine Motivationsstärkung verbunden. Mut und Selbstsicherheit Schrift und schriftlicher Kommunikation gegenüber wachsen und bilden die Grundlage für immer umfangreichere und schwierigere Lese- und Schreibaufgaben. Entsprechende Angebote sollten diese Nachfrage dann jeweils wieder befriedigen.

An Neuem kommt zunächst eine Ausweitung der Buchstaben-Laut-Korrelationen hinzu. Zu den in der Phase 1 oder selbständig durch Nachfragen erworbenen Buchstabenkenntnissen treten im Laufe der Zeit alle fehlenden, wobei nun verstärkt die mehrgliedrigen Grapheme in den Blick geraten. Auch hier ist helfende Intervention seitens der Lehrerin für viele Kinder erforderlich. In jedem Fall sollte eine Anlauttabelle vorhanden sein, mit der sich die Kinder selbständig die Lautmöglichkeiten der neuen Buchstaben und Buchstabenkombinationen erschließen können. Sie ist ein Muß eines differenzierungsfähigen Leselehrgangs.
Mit wachsendem Tempo des lautierenden Erlesens und damit steigendem Leseumfang findet allmählich eine Umgewichtung der Lesestrategie statt. Viele Wörter tauchen in den Lesetexten immer wieder auf. Sie springen mit der Zeit sofort ins Auge und brauchen nicht mehr strukturiert zu werden. Ihre Buchstabenabfolge hat sich schon so eingeprägt, daß das Wortklangbild und der Sinn unmittelbar zur Verfügung stehen. Die orthografische Lesestrategie gewinnt an Bedeutung. Wesentliche Grundlage ist aber die sichere Beherrschung des lautierenden Erlesens. Wenn Lehrerinnen versuchen, diese Phase zu überspringen oder abzukürzen, riskieren sie ein ungenügendes Verständnis unserer Schrift und eine nicht sicher genug ausgebildete Kontrollmöglichkeit. Provoziert werden kann damit ein Leseversagen, zumindest eine fehlerhafte Ratestrategie, die durch lautierendes Erlesen nicht korrigiert werden kann.
Der Übergang vom strukturierenden zum unmittelbaren Lesen vollzieht sich durch abgekürzte Synthesevorgänge. Aus einer Teilsynthese wird ratend auf das vollständige Wort geschlossen. Semantische oder syntaktische Einbindung steuern diese Vorauserwartung. Dieser förderliche Entwicklungsschritt bedarf aber in jedem Falle der sofortigen Kontrolle mit Hilfe des lautierenden Lesens. Es muß überprüft werden, ob die Vorauserwartung richtig war. Die Fähigkeit zu dieser Kontrolle unterscheidet oft gute von schlechten Lesern. Wenig sichere „Strukturierer“ überprüfen ihre Vermutung nicht und geben sich auch mit einem Ergebnis zufrieden, das offensichtlich keinen Sinn ergibt. Übungsformen, die die vorauserwartende Teilsynthese ermöglichen, aber zugleich eine Kontrolle fordern, finden sich an verschiedenen Stellen des nachfolgenden Praxisteils.
Da die Fähigkeiten der Kinder auch bei gemeinsamer gezielter Hinführung zur Buchstabenschrift sehr unterschiedlich sind, sollte ein breites Spektrum an Leseangeboten vorhanden sein, das möglichst viele Interessen abdeckt und möglichst allen Leistungsstufen etwas zu bieten hat. Für viele Kinder ist es ideal, wenn sie sich die Aufgaben selbst aussuchen können, die ihren Möglichkeiten entsprechen. Andere brauchen mitunter jemand, der ihnen ein Ziel steckt, an dem sie sich hocharbeiten können. Auch hierfür gibt es kein Patentrezept. Der

Glaube, ein umfassendes Materialangebot ermögliche effektive Selbstregulierung durch die Kinder, gehört zu den Wunschvorstellungen von Pädagogik, hat aber mit der Realität nichts zu tun. Die materielle Basis ist notwendige, aber keinesfalls hinreichende Bedingung für einen differenzierten Unterricht.
Je größer der Anteil der Individualisierung, desto wichtiger sind Selbstkontrolle oder zumindest die Möglichkeit rascher, einfacher Kontrolle durch die Lehrerin. Erfolgsbestätigung ist aber bei der komplexen und anstrengenden Arbeit des elementaren Lesens und Schreibens von grundlegender Bedeutung. Am besten ist es, wenn die Bestätigung unmittelbar aus der Durchführung der Aufgabe erfolgt, wenn also beispielsweise eine kleine Anweisung erlesen und anschließend korrekt ausgeführt wird. Ist die Ausführung auch noch schriftlich erfolgt, also dauerhaft dokumentiert, so daß damit anderen, nicht unmittelbar Beteiligten der eigentliche Leseerfolg verdeutlicht werden kann, dann ist ein derartiges Arbeitsmittel hervorragend geeignet für die Differenzierung. Einige Vorschläge zu solchen Aufgaben werden im Praxisteil unterbreitet. Die dazu gehörenden Lese-Mal-Blätter haben vieltausendfach ihre diesbezüglichen Qualitäten unter Beweis gestellt.
Differenzierter Lese- und Schreibunterricht kann den Kindern zudem vermitteln, daß Lesen aus vielerlei Gründen Spaß macht. Die erwähnte Selbstbestätigung ist sicher einer der wichtigsten. Daß aber auch die erfahrenen Inhalte lustvoll sein können, weil sie spannend, lustig, emotional bedeutsam sind oder weil sie einem viel Neues vermitteln, sollten die Kinder möglichst oft erfahren. So sollte auch das Leseangebot aussehen. Schließlich sollten die Kinder Leseerfahrungen sammeln, die in einer Kommunikation mit anderen münden oder diese beinhalten. Lesen heißt nicht immer, sich mit einem Buch zurückzuziehen. Lesen kann auch heißen, anderen etwas mitzuteilen, andere zu erheitern, zu fesseln, zu beschäftigen. Einige der Unterrichtsvorschläge dieses Buchs gehen in diese Richtung.

4.2. Schreiberfahrungen sammeln

Kinder, die allmählich in den Sprache-Schrift-Zusammenhang eindringen, erkennen den Lautcharakter der Schrift. Beim Lesen erschließen sie Wortklangbilder aus der Abfolge von Einzelklängen. Beim Schreiben versuchen sie, Wortklangbilder in Einzellaute zu zerlegen und diesen entsprechende Buchstaben zuzuordnen.
Auf dieser Stufe des Erfassens des phonematischen Aufbaus der Schrift ist die volle Aufmerksamkeit auf die Lautstruktur der Wörter gerichtet. Schreiben bedeutet in dieser Phase das Umsetzen einer Lautfolge in eine Buchstabenreihe.

Fela, von einem Berliner Kind geschrieben, ist eine adäquate Verschriftung des Worts, das wir üblicherweise **Fehler** schreiben. Für einen Lese-Schreib-Anfänger, der gerade mühsam die Laut-Buchstaben-Korrespondenzen erwirbt, ist **Fela** ein Ausdruck eines enormen Lernfortschritts, gemessen am Stadium der Schriftunkundigkeit.

Ein Einschleifen richtiger Schreibweisen vor Erreichen der phonematischen Stufe wäre ineffektiv, weil es ohne Einsicht in den Aufbau der Wörter geschähe. Sobald Kinder das phonematische Prinzip erfaßt haben, werden sie womöglich Wörter, deren Schreibweise sie schon „gelernt" haben, wieder falsch schreiben, weil sie jetzt aktiv eine Umsetzung der Lautabfolge eines Worts versuchen. Erst nach Erreichen und nach Festigung des phonematischen Verständnisses kann allmählich auf das Verwenden gängiger Rechtschreibmuster hingearbeitet werden, dann allerdings sollte das auch geschehen.

Mit der Methode „Direkte Hinführung zur Buchstabenschrift" werden keine Scheinlösungen angeboten, die die Schwierigkeiten und Vieldeutigkeiten unserer Schrift zunächst ausblenden. Dadurch werden die Kinder schon früh sensibilisiert für unterschiedliche Schreibmöglichkeiten. Dies kann der Ausgangspunkt sein, den Blick der Kinder allmählich auf den Rechtschreibgesichtspunkt zu lenken. Es kann auf alternative Schreibmöglichkeiten eines Lauts hingewiesen werden und die „übliche" Schreibweise zur Verschriftung des Kindes hinzutreten. Viele Kinder, die sich gerade in der phonematischen Phase befinden, ignorieren aber diese Hinweise völlig. Sie verschriften nach Gehör. Erst wenn sie dabei genügend Sicherheit gewonnen haben, wird ihr Blick frei für andere Rechtschreibgesichtspunkte.

Noch mehr gilt dies für das Freie Schreiben. Hier ist das Hauptaugenmerk zunächst auf den Inhalt gerichtet, der schriftlich fixiert werden soll. Streng phonematische Umsetzungen sind deshalb als großer Erfolg zu werten. Das Kind hat es geschafft, eine Information so zu verschriften, daß sie entzifferbar, lesbar wurde. Dieser enorme Fortschritt muß ihm auch unbedingt vermittelt werden. In dieser Phase sollte man mit Korrekturen also äußerst vorsichtig umgehen. Akzeptiert wird von vielen Kindern erfahrungsgemäß der mit einem Lob für die erbrachte Leistung verbundene Hinweis, daß man so schreiben könne, die übliche Schreibweise, die „Erwachsenenschrift", aber etwas anders aussehe. Dann kann man die korrekte Verschriftung neben die Schreibweise der Kinder setzen, ohne diese verbessern zu müssen.

Ein wichtiges Argument für das nochmalige Aufschreiben durch die Lehrerin ist die bessere Lesbarkeit für andere Kinder. Dies zählt insbesondere dann, wenn die Texte mit Hilfe eines Computers, der über große, gut lesbare Schriften verfügt, abgeschrieben werden. Die Autoren selbst können diese Abschriften oft leichter vorlesen als ihre eigenen Originale.

Für die zweite Klasse bietet der Computer zusätzlich eine geschickte Möglichkeit, die Kinder individuell auf bestimmte Rechtschreibmerkmale hinzuweisen. So können die entsprechenden Wortteile (Vorsilben, Stammorpheme, Doppelkonsonanten, mit h gedehnte Vokale usw.) mit Fettdruck hervorgehoben werden.
Die Kinder werden die Anregungen, sich mit der Schreibung der Wörter auseinanderzusetzen, aufgreifen, wenn sie phonematisch genügend sicher sind. Hinweise zu Wortverwandtschaften, Ableitungen usw. werden zusätzlich in dieser Phase sinnvoll und helfen den Kindern weiter.
Die „richtige" Schreibung bei genügender Sicherheit im Phonematischen wird von den Kindern zunehmend berücksichtigt. Hinweise und Fragen der Lehrerin können dabei wertvolle Hilfestellungen leisten. Entscheidend aber ist, daß den Kindern von Anfang an genügend Schreibmöglichkeiten angeboten werden, mit denen sie ihre Rechtschreiberfahrungen sammeln können. Die Verbindung von „Verschriftung eines Gedankens" und „Nachdenken über die Schreibweise" muß ständig erprobt werden.
Ein systematischer Rechtschreibunterricht als zweite, unabdingbare Basis des Schreibens stellt den Kindern die orthografischen Muster und Denkstrukturen zur Verfügung, die immer öfter in den Schreibprodukten Berücksichtigung finden.
Die positive Bedeutung häufiger Schreibanlässe liegt zusätzlich auf einem anderen Gebiet. Kinder, die frühzeitig eigene Texte verfaßt und sich mit Texten ihrer Mitschüler auseinandergesetzt haben, sind weit eher in der Lage, sich schriftlich – sprachlich wie inhaltlich – differenzierter auszudrücken als Kinder, die lange nur reproduktiv geschrieben haben. Sie haben vor allem auch keine Scheu mehr vor dem Aufschreiben eigener Ideen. Sie sind ja erfahren darin.
Oft haben Kinder aber große Hemmungen, Geschichten zu schreiben. Manch einem wurde von klein auf verdeutlicht, daß Schule der Ort sei, wo man immer alles richtig machen müsse. Fehler seien zu vermeiden. Die Kinder wissen aber sehr genau, daß sie diesen Ansprüchen beim Schreiben noch keinesfalls genügen können. Außerdem ist das Schreiben von Geschichten eine komplizierte und höchst anstrengende Tätigkeit. Da gilt es nicht nur zu überlegen, was aufgeschrieben werden soll, da muß das Ganze auch in Wörter zerlegt werden, und diese Wörter sind auf ihre Laute abzuhören, und die entsprechenden Buchstaben sind zu schreiben. Zu einer solch harten, wenig erfolgversprechenden Arbeit muß manches Kind oft regelrecht verführt werden. Wer hofft, er brauche nur ein attraktives Angebot machen, das für die Kinder eine hohe Bedeutsamkeit hat, und Zeit für das Freie Schreiben zur Verfügung zu stellen, damit die Kinder befreit loslegen können, wird mitunter rasch frustriert. Auch wenn das Klima zum Freien Schreiben in einer Klasse optimal ist, werden vielleicht

zunächst nur wenige Kinder wirklich positiv auf die Angebote reagieren. Viele werden sich zunächst verweigern.
Die Motivation kann deutlich erhöht werden, wenn die Produkte entsprechend gewürdigt werden. So sollte jede Geschichte vom Autor vorgelesen werden dürfen. Es muß ja nicht gleich ein Lesethron sein (vgl. BRINKMANN, 1993), aber ein hervorgehobener Platz wertet schon auf. Die Verstärkung durch positive Kommentare von Mitschülern baut auf. Aber auch sachliche Kritik, von Kindern vorgebracht, wirkt wesentlich effektiver als entsprechende Hinweise der Lehrerin. Übrigens bekommen, zumindest in der Anfangszeit, alle Geschichten positive Bewertungen durch Mitschüler. Zum einen weiß man die Leistung der Verschriftung wohl zu würdigen, und zum anderen möchte man ja selbst etwas Zustimmendes hören, wenn man einen eigenen Text vorgetragen hat.
Nach dem Vorlesen können die Geschichten an einer hervorgehobenen Stelle („Geschichten der Woche“) ausgehängt werden. Schließlich werden sie im Klassen-Geschichtenbuch abgeheftet, das begehrter Bestandteil der Klassenbücherei ist. Vorher können sie noch illustriert werden.
„Klassen-Lesebücher“, die zu bestimmten Ereignissen des Schuljahres hergestellt wurden, greifen das Miteinander in der Gruppe auf und dokumentieren es. So erleben die Kinder neben der Erfahrung, persönliche Gedanken und Gefühle mit Schrift festhalten zu können, auch den gemeinschaftsbezogenen, sozialen Aspekt des Schreibens und Lesens. Wer mit seiner Klasse derartige eigene „Bücher“ hergestellt hat (siehe Vorschlag „Klassen-Lesebücher“), weiß, daß diese zu den begehrtesten Lesestoffen auch in den folgenden Schuljahren gehören, weil in ihnen gemeinsame Erfahrungen konserviert sind, über die man sich später an Hand der Texte und Bilder immer wieder austauschen kann.
Die Erwartungen der Lehrerin sollten aber nicht zu hoch angesetzt werden, um Frustrationen zu vermeiden. So sind viele der Themenvorschläge dieses Buchs als Anregung zum Freien Schreiben in der gesamten Grundschulzeit zu sehen. Erwartet man nicht allzuviel, ist alles schon ab Klasse 1 möglich, hört aber mit Sicherheit nicht mit Klasse 2 auf.
Das Freie Schreiben liefert neben seiner unmittelbaren Bedeutung für die Kinder wichtige Erkenntnisse für die Lehrerin über den jeweiligen Stand im Prozeß des Schriftspracherwerbs. So können der Grad der lautgetreuen Verschriftung abgelesen und auf dieser Basis Entscheidungen für rechtschriftliche Interventionen abgeleitet werden. Ein Training eines Grundwortschatzes, das ja mit der Fähigkeit der orthografischen Lesestrategie gekoppelt ist, ist nur dann sinnvoll, wenn eine ausreichend sichere lautgetreue Verschriftung zugrunde liegt. Wie auch beim Lesenlernen bringt es keinen Erfolg, den dritten Schritt vor dem zweiten zu gehen. Ist aber eine gut fundierte lautgetreue Schreibung erreicht, dann sollten orthografische Strukturen angebahnt werden.

Für die Groß-/Kleinschreibung genügen für lange Zeit zwei grundlegende Einsichten. Die Kinder müssen Substantive von anderen Wörtern unterscheiden können, und sie müssen die Spracheinheit Satz verstehen und beherrschen. Das Wissen um die Großschreibung von Satzanfängen macht nur Sinn, wenn man merkt, wann ein Satz anfängt und wann er aufhört. Zu beiden Bereichen werden im Praxisteil Übungen vorgeschlagen.
Bei der Vermittlung eines Grundwortschatzes stehen zu Beginn, ähnlich wie beim Umorientieren der Lesestrategie, die besonders häufigen Strukturwörter im Vordergrund. Mit zunehmendem Wortschatz werden dann erste Regelhaftigkeiten der Orthografie berücksichtigt. So gewinnt die Verwendung von Morphemen spätestens im zweiten Schuljahr Bedeutung.
Auf einem Leselehrgang, der die Schwierigkeiten unserer Schrift nicht ausgeblendet hat, sondern von Anfang an darauf eingegangen ist, kann ein gründlicher Rechtschreibunterricht natürlich leichter aufbauen. Wurde beispielsweise die unterschiedliche Lautung von Vokalen im Lehrgang ständig beachtet und geübt, wird die Betrachtung der Mitlautverdopplung oder Dehnungskennzeichnung wesentlich erleichtert. Neben der gemeinsamen Erörterung orthografischer Gesichtspunkte hat sich das individuelle Eingehen auf Fehlerschwerpunkte beim Freien Schreiben als besonders effektiv erwiesen.

4.3. Gehört das alles in den Anfangsunterricht?

Die Aufgaben, die sich dem Lese- und Schreibunterricht nach der Phase der Vermittlung des Sprache-Schrift-Zusammenhangs stellen, lassen sich zeitlich nicht begrenzen. Schon der Beginn ist nicht bei allen Kindern gleich: Wer das Leseprinzip verstanden hat, fängt damit an. Ein Ende gibt es im Bereich der Grundschule nicht. Die Zusammenstellung der Unterrichtsvorschläge ist so gewählt, daß im Zeitrahmen des Erstunterrichts für alle Kinder genügend Angebote vorhanden sind, für die ganz langsamen Lerner, die einen großen Entwicklungsrückstand aufweisen, aber auch für die Könner, die Übungen benötigen, die anderen vielleicht erst im dritten Schuljahr zugemutet werden können. Die Zuordnung zum Erstunterricht ist also keineswegs so zu verstehen, daß die vorgeschlagenen Übungen von allen Kindern oder auch nur von einigen im ersten Schuljahr bewältigbar sind. Es wird Klassen geben, in denen manches erst deutlich später eingesetzt werden kann. Anfangsunterricht im Lesen und Schreiben ist nicht nur Sache des ersten Schuljahrs.
Ein Mißverständnis wäre es auch, wenn jemand glaubt, er könne und solle nun einen Großteil der vorgeschlagenen und/oder ähnlicher Übungen in seinem Anfangsunterricht verwirklichen, damit dieser den Ansprüchen der Differen-

zierung gerecht würde. Das ist natürlich nicht leistbar und auch nicht wünschenswert. Die Vorschläge sind ein Angebot, aus dem jeder das für sein Unterrichtskonzept Passende auswählen und umsetzen kann. Die klare Strukturierung eines Lese- und Schreibunterrichts steht im Vordergrund. Ist man sich über den grundlegenden Weg im klaren, wird man sich umsehen, ob nicht vielleicht ein fertiges Materialpaket zur Umsetzung gut geeignet ist. Dies spart eine Menge Arbeit. Schließlich kann man überlegen, an welchen Stellen das Übungs- und Differenzierungsangebot nicht ausreicht und welche Materialien oder Übungen zusätzlich eingesetzt werden können. Wer öfter Anfangsunterricht differenziert durchführt, wird dabei das Repertoire allmählich erweitern und ausgestalten. Offenen Unterricht aus dem Stand heraus betreiben zu wollen, ist ein gewaltiges Vorhaben.
Wer bisher den gleichschrittigen Fibelweg gegangen ist, jetzt aber den Unterricht ansatzweise öffnen möchte, wird mit einem Lehrgang gut beraten sein, der für Differenzierung genügend Material bereitstellt. Sind dann die ersten großen Schritte zu einem zunehmend selbstbestimmten Lese- und Schreibunterricht gegangen, wird man diesen Weg wohl nie mehr verlassen. Auch wenn es vielleicht mehr Arbeit macht: Der Erfolg lohnt die Mühe. Wenn man erlebt hat, mit welcher Lust und Intensität Kinder beim Arbeiten sind über einen Zeitraum hinweg, den man früher nicht für möglich gehalten hat, wird man von der Öffnung des Unterrichts nicht mehr lassen wollen.
In diesem Sinne sind die Praxisvorschläge gedacht. Sie sollen neugierig machen auf einen Unterricht, der die Möglichkeiten und Fähigkeiten der Kinder viel stärker berücksichtigt, als das im arbeitsgleichen Unterricht der Fall war, und der beweist, daß Leistung und Lust und Laune sich nicht ausschließen, sondern zusammengehören.

4.4. Differenzierungsangebote (Praxisvorschläge zur Phase 2)

Schwerpunkt Lesen

Die folgende Zusammenstellung kann nur eine kleine Auswahl aus den Möglichkeiten zur Leseförderung bilden. Wichtig ist, daß den Kindern die Funktion der Buchstaben deutlich wird. Ein Kind vergißt womöglich deshalb einen Buchstaben immer wieder, weil es dessen Bedeutung noch überhaupt nicht begriffen hat.

Wer bin ich? E

Material: Lesekartei. Die Karteikarten sind in Formularform aufgebaut. Anfangs kann sich die Lehrerin die Informationen von den Kindern geben lassen und die Formulare ausfüllen. Später, wenn die Kinder schreiben können, tun sie das selbst.

Junge oder Mädchen: Geburtstag: Geschwister: Lieblingsspielzeug: Lieblingsessen: Adresse:

Die Leser sollen herausfinden, um wen es sich handelt. Sie können zur Kontrolle die betreffenden Kinder fragen. Alternativ kann die Rückseite der Karte ein Foto des gesuchten Kindes enthalten.

Kneten und Raten P

Material: Schachteln mit etwas Knete (ca. 2 Stangen) und eine Kartei mit Knetanweisungen.

Ein Kind nimmt eine Karte und liest das Wort. Die Namen auf den Karten repräsentieren einfache Formen, die leicht zu kneten sind.

Beispiele: Ball, Baum, Haus, Schlange, Eimer, Teller, Tisch, Stuhl, Topf, Schüssel, Tasse, Autor, Stift, Blume, Mütze, Schulmappe, Kerze.

Das Kind formt den Gegenstand. Der Partner soll ihn erraten. Schafft er es nicht, kann der „Künstler“ zur Hilfe den Anfangslaut und evtl. weitere Laute nennen. Anschließend wird gewechselt.

Würfelmix

E | P

Material: Spielwürfel, Aufgabenkarten.

1 Zusammengesetzte Nomen

Die Karten enthalten jeweils 6 zusammengesetzte Nomen, die in ihre Bestandteile getrennt und numeriert sind.
Es wird zweimal gewürfelt. Je nach Augenzahl werden die Wörter zusammengesetzt.
Beispiel: Würfelergebnisse 2 – 5 ➔ Regengarten, 1 – 6 ➔ Kuchenauge.

1 Kuchen-	**1** -blech
2 Regen-	**2** -schirm
3 Ofen-	**3** -rohr
4 Blei-	**4** -stift
5 Kinder-	**5** -garten
6 Katzen-	**6** -auge

2 Quatschsätze

Wie **1**, nur mit Satzteilen. Hier muß dreimal gewürfelt werden.

1 Im Wald	**1** lebt	**1** der Elch.
2 Im Bau	**2** schläft	**2** der Maulwurf.
3 Am Ufer	**3** watschelt	**3** die Ente.
4 ...		

3 Zufallsgeschichten

Wie 2, nur mit Sätzen.

1 Julia wirft einen Schneeball. **2** Melanie geht zum Lehrer. **3** Susi streichelt einen Hund.

1 Er trifft eine Scheibe. **2** Er hilft ihr. **3** Er bellt Sie an.

1 Sie zerbricht. **2** Sie freut sich. **3** Sie läuft schnell weg.

Lese-Dominos

E P G

Material: Rechteckige Kartonstreifen, die in der Mitte eine senkrechte Linie enthalten. (Zur Tobi-Fibel gibt es als Kopiervorlagen 36 unterschiedliche Domino-Spiele mit je 12 Karten.)
Die rechte Seite einer Domino-Karte bildet mit der linken Seite einer anderen Karte ein Paar. Die Karten werden so aneinandergelegt, daß die Paarteile nebeneinander liegen. Legt man alle Dominokarten eines Spiels in Rechteckform, muß das Spiel aufgehen, d. h., die zuletzt aneinanderstoßenden Hälften müssen ein Paar ergeben. Dadurch ist eine gewisse Selbstkontrollmöglichkeit gegeben. Durchgehende Linien auf der Rückseite oder farbliche Kennzeichnung ermöglichen vollständige Selbstkontrolle.
Die Beschriftungsmöglichkeiten sind die gleichen wie bei den Lese-Memories.
Das Domino kann von einem Kind gelegt werden. Dazu nimmt es sich aus dem gemischten Kartensatz eine Karte und sucht die Paarergänzung zu einer Hälfte usw.
Ähnlich kann in Partnerarbeit gespielt werden. Ein Kind legt. Der Partner prüft, ob die Entscheidung richtig war. Dann wird gewechselt. Dies hat v. a. für langsame Leser den Vorteil, daß Fehler rechtzeitig bemerkt werden und die Korrektur nicht so umfangreich ausfällt.

Schwieriger ist das Spiel nach den üblichen Domino-Regeln.

Nase 	Tasse 	Insel 
Jacke 	usw.	

Ofen	Tür	Klinke	Fenster

Zusätzlich: Zusammengesetzte Nomen.

Lese-Würfelspiel P G

Material: Spielplan mit Lese-Aufgaben, Spielfiguren, Würfel. Die Felder des Spielplans enthalten Leseaufgaben. Es können Wörter oder Sätze sein. Das Lesematerial kann so zusammengestellt sein, daß bestimmte Buchstaben besonders geübt werden. Dazwischen gibt es Sonderfelder, die durch Bilder und/oder Zahlen gekennzeichnet sind.
Es wird abwechselnd gewürfelt. Man rückt die erzielte Augenzahl vor. Der dortige Text soll vorgelesen werden.

Kommt man auf ein Bild-Feld,
- muß man eine Runde aussetzen,
- braucht man nicht zu lesen,
- muß man einen Satz sagen, in dem das abgebildete Wort vorkommt,
- darf man drei Felder weiterziehen,
- darf man noch einmal würfeln.

Kommt man auf ein Zahlenfeld,
- muß man die entsprechende Anzahl Felder zurück,
- darf man die entsprechende Anzahl Felder vorrücken,
- muß man eine entsprechende Anzahl von Wörtern sagen, die alle mit dem zu übenden Buchstaben beginnen.

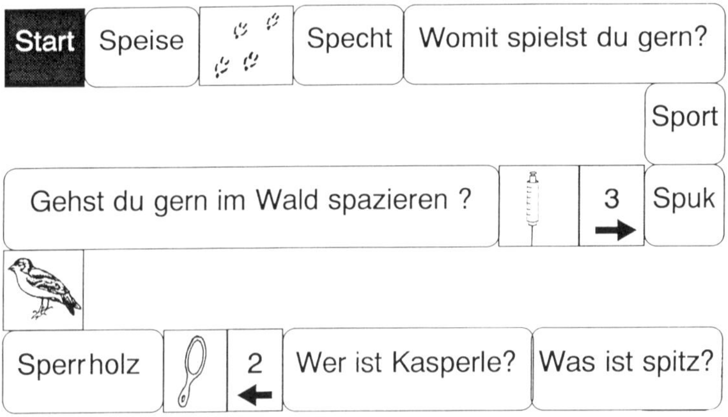

Lese-Mal-Blätter

E

Material: Aufgabenkarten als Verbrauchsmaterial, die in Karteiform für jedes Kind angeboten werden. Jedes Blatt enthält kleine, sofort vollziehbare, nachprüfbare Arbeitsanweisungen: Es ist etwas zu zeichnen, auszumalen, nachzuzählen, zuzuordnen, anzustreichen usw.

Für die CVK-Fibel, die blaue Fibel und die Tobi-Fibel gibt es derartige Karteien im

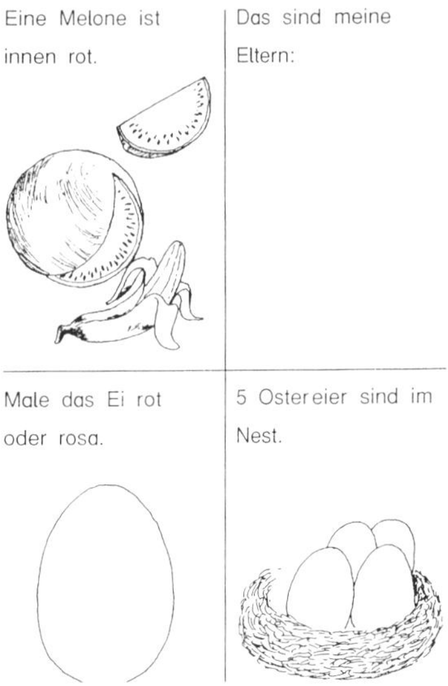

Verlagsangebot. Diese beiden Beispiele sind stark verkleinert. Das Original liegt jeweils im DIN-A-5-Format vor.

Jedes Kind liest selbständig sinnerfassend und erledigt anschließend den Arbeitsauftrag. Das eigene Arbeitsprodukt stellt ein für alle sichtbares Ergebnis der Leseleistung dar und ist insofern stark motivationsfördernd. Zudem ist es von der Lehrerin oft durch einen Blick kontrollierbar.

Das Lesen beschränkt sich nicht auf Teilfunktionen. Sowohl das lautierende Erlesen als auch das automatisierte Erfassen häufig vorkommender Wörter und die Sinnentnahme werden bei allen Aufgaben gefordert und gefördert. Da jedes Kind für sich individuell erliest, entfällt der Druck des Vorlesens, und die Effektivität ist hoch: Nicht nur ein Kind liest, sondern alle.

Die Blätter können selbstverständlich differenziert eingesetzt werden. Sie können gut dem Buchstabenaufbau eines Lehrgangs angepaßt werden.

Klassen-Bücherei

E | P | G

Material: Bilderbücher oder Erstlesebücher, die als Präsentbücherei in der Klasse stehen, die aber auch ausgeliehen werden können.

Neben den selbst erstellten „Klassen-Lesebüchern“ kommen dafür auch Verlagsangebote in Frage. Für Erstleser gibt es viele Bücher auf dem Markt, die aber nicht alle wirklich für diese Zielgruppe geeignet sind. Geachtet werden sollte bei der Auswahl auf kurze, einfache Sätze, die dennoch nicht banal sind, auf große, klare Druckschrift mit genügendem Wort- und Zeilenabstand, auf ansprechende Illustrationen und vor allem natürlich auf interessante Inhalte. Die meisten Leihbüchereien ermöglichen Gruppenausleihen für einen längeren Zeitraum. Manchmal reicht der Schuletat oder die Klassenkasse auch für Anschaffungen preisgünstiger Taschenbücher. Hier einige (unvollständige) Empfehlungen für solche Taschen-Erstlesebücher:

Cornelsen Verlag: 4 Lesehefte zur Tobi-Fibel; Diesterweg-Verlag: Quiesel-Bücher (6 Reihen à 6 Lesehefte, die für die die Leseanfänger gut geeignet sind); dtv junior: Reihe Lesebär; Klett-Verlag: Lesereihe für die Grundschule, Lesestufe 1; Verlag für pädagogische Medien (vpm): Regenbogen-Lesekiste (5 Reihen unterschiedlicher Schwierigkeitsstufen mit jeweils 10 bzw. 5 Heften, hervorragend für das erste Schuljahr geeignet).

Lese-Memories

P G

Material: Je Memory-Spiel 2 gleichstarke Kartensätze mit Karten aus festem Karton. Die Karten werden einseitig beschriftet. Je 2 Karten bilden ein Paar.
Die Karten werden verdeckt gemischt ausgelegt. Leichter wird die Aufgabe, wenn jeweils die ersten Paarhälften getrennt von den zweiten Paarhälften ausgelegt werden.
Wer an der Reihe ist, deckt zwei Karten auf. Bilden diese ein Paar, darf sie der Spieler behalten. Er hat dann noch einen Versuch frei. Bilden die beiden Karten kein Paar, kommt der nächste an die Reihe. Die Karten werden dann wieder umgedreht. In einfacheren Varianten bleiben beide oder eine Karte aufgedeckt.

1 Druckschrift-Wort – Schreibschrift-Wort

| Haus | *Haus* |

2 Gegensatz-Wortpaare

| dick | dünn | | groß | klein |

3 Bilder – Wörter

| Affe |

4 Reimpaare

Wort – Wort

| Land | Hand |

Wort – Bild

Kuh

Bild – Bild

5 Anlautpaare

Bild – Bild

Bild – Buchstabe

K

Bild – Wort

Topf

6 Satzteile

Ein Hund | Ein Vogel | frißt Knochen. | legt Eier.

7 Bild - Satz

Die Bilder können kommerziellen Memories entnommen werden. Die Sätze beschreiben die Bilder.

Eine alte Frau sitzt.

8 Einzahl - Mehrzahl

Bild - Wort

Affen

Wort – Wort

Hut

Hüte

Klassen-Lese-Kartei [E]

Material: Karteikarten mit Fotos der Kinder.
Die Lehrerin bittet die Eltern um Fotos der Kinder aus der Familie. Zu jedem Foto läßt sie sich etwas vom jeweiligen Kind erzählen oder von den Eltern aufschreiben. Aus diesen Informationen gestaltet sie kleine Texte mit unterschiedlichen Schwierigkeitsgraden, die durch die Farbe der Karten repräsentiert werden. Zu den Texten kommen die Fotos auf diese Karteikarten.
Werden die Karten der einzelnen Farben durchnumeriert, hat man eine differenzierte Klassen-Lesekartei. Sie kann v. a. für Vorleseübungen in Freiarbeitsphasen verwendet werden.
Ein Kind nimmt sich eine Karte aus dem Schwierigkeitsgrad seiner Wahl, erliest sich den Text und übt ihn. Dann liest es der Lehrerin, einem Mitschüler oder Eltern den Text vor. Dieses Vorlesen geschieht individuell und beinhaltet deshalb nicht die Gefahr einer Herabsetzung oder Bloßstellung bei Versagen. Außerdem ist jede Vorleseleistung originär, was bei mehrfachem Vorlesen desselben Textes im arbeitsgleichen Unterricht nicht gegeben ist. Sehr schnell kommt es dort zum Nachplappern und Auswendiglernen.
Variante: Später können Kinder selbst solche Vorlesekarten schreiben.

Namenpuzzles [P] [G]

Material: Kartonkarten, die auf einer Seite mit einem Bild versehen werden. Auf der anderen Seite steht das dazugehörige Wort. Die Karte wird in der Mitte auseinandergeschnitten, so daß auch das Bild in zwei Hälften zerfällt.
Die Kinder sehen die Schriftteile und setzen die Namen zusammen. Mit der Rückseite können sie kontrollieren.

Variante: Satz-Puzzles II. Hier stehen die Satzteile auf den Kartenhälften. Als Abbildungen wählt man am besten ausgeschnittene Zeichnungen oder Fotos aus alten Fibeln, Arbeitsheften, Zeitschriften, Comics usw. Die Sätze kann man dann passend zu den Bildern gestalten.

Ein kleiner Mann	hat eine runde Nase.

Dieses Spiel kann gut dem Buchstabenaufbau eines Lehrgangs angepaßt werden, wenn man Abbildungen aus dem Lehrgang benutzt.

Lese-Puzzles

E P G

Material: Große Fotos (ab 18 x 24 cm) oder Kinderzeichnungen auf festem Karton. Werden die Bilder mit Selbstklebefolie überzogen, halten sie länger. Dazu wird eine Kartonplatte der gleichen Größe benötigt. Platte und Bild werden auf gleiche Weise in rechteckige Felder (z.B. 3 x 4 cm) unterteilt. Das Bild wird entlang der Linien zerschnitten. Auf die Rückseite der Bildstücke werden Leseaufgaben geschrieben. Die Lösungen kommen auf die Felder der Platte.
Werden die Aufgabenkarten auf die richtigen Lösungsfelder gelegt, und zwar so, daß die Bildseite sichtbar ist, entsteht das ursprüngliche Bild. Fehler sieht man auf diese Weise sofort. Platte und Aufgabenkarten werden am besten zusammen in Folienhüllen aufbewahrt.
Als Leseaufgaben können die gleichen Varianten verwendet werden wie bei den Lese-Memories oder den Setzleistenkärtchen.

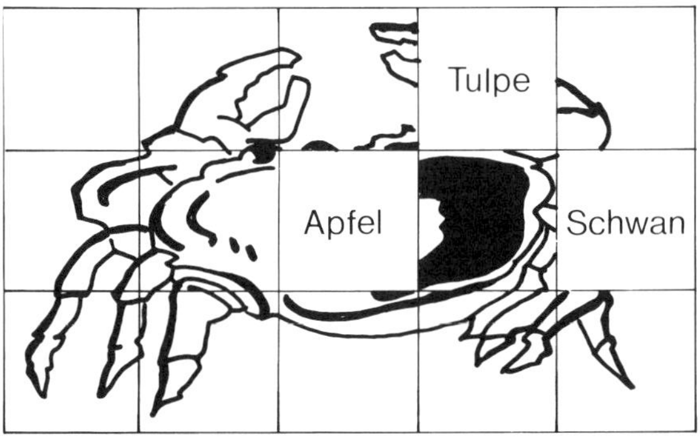

Eine Frucht

Ein Wasser-vogel

Eine Blume

Märchen-Rätsel

E

Material: Aufgabenkarten, die als Kartei, in Schubladen oder Filmdöschen angeboten werden. Jede Karte enthält einen kurzen, typischen Textauszug eines bekannten Märchens. Die Kinder sollen das Märchen erraten.

1 Die Rückseite enthält den richtigen Märchentitel oder ein typisches Bild.

2 Es werden drei Märchentitel zur Auswahl angeboten. Die Rückseite enthält den richtigen Titel.
Variante 1: Die Karte enthält eine typische Abbildung aus einem Märchen (Kopie aus Märchenbuch). Es werden drei Märchentitel zur Auswahl vorgegeben.
Variante 2: Ein Märchentitel oder ein Bild ist gegeben. Dazu gibt es drei typische Sätze, die auch den Namen eines Hauptdarstellers enthalten. Nur einer davon stammt aus dem vorgegebenen Märchen. Die Kinder sollen ihn herausfinden.
Variante 3: Es werden drei Paare von Märchenfiguren angegeben. Nur eines davon kommt wirklich zusammen in einem Märchen vor. Die Kinder sollen das richtige Paar herausfinden.

Lese-Quartette

G

Material: siehe Phase 1. Quartette.

1 Satz-Synthese-Quartett

Wie Phase 1, Quartett **2**, nur daß auf jeder Karte ein Wort steht.

Ich	esse	gern	Eis.

2 Wörter-Quartett

Die 4 Wörter, die zusammen ein Quartett bilden, stehen jeweils auf jeder Karte des Quartetts oben in einer Ecke.

Tiger	Tiger	**Tiger**	Tiger
Löwe	**Löwe**	Löwe	Löwe
Wolf	Wolf	Wolf	Wolf
Bär	Bär	Bär	**Bär**
Wolf	Löwe	Tiger	Bär

3 Bild-Wörter-Quartett

Wie **2**, nur daß jetzt 4 Bilder groß gegeben sind. Um nach den anderen 3 Quartettkarten fragen zu können, müssen die kleinen Wörter gelesen werden.

Affe	Affe	**Affe**	Affe
Löwe	**Löwe**	Löwe	Löwe
Wolf	Wolf	Wolf	Wolf
Bär	Bär	Bär	**Bär**

Links oder rechts? E P

Material: Lesekartei als Wendekarten oder Setzleistenkärtchen. Die Karte ist durch eine vertikale Mittellinie zweigeteilt. Auf jeder Seite befinden sich Abbildungen.

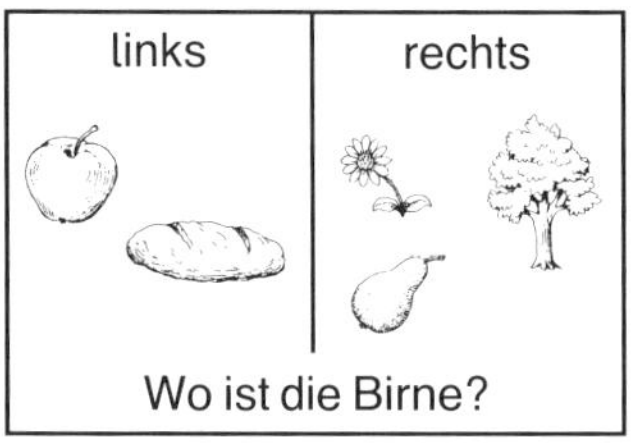

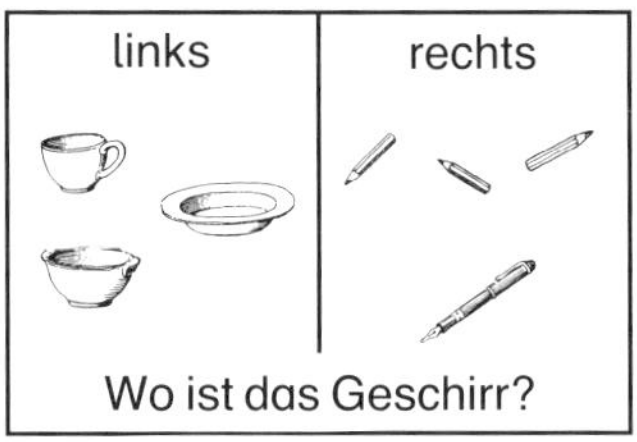

1 Die Begriffe „links“ und „rechts“ stehen über den Seitenhälften. Unten steht eine Frage.

2 Wie 1, nur daß die Abbildungen jeweils zu einem Oberbegriff gehören. Als Oberbegriffe eignen sich z.B. „Geschirr“, „Obst“, „Tiere“.

3 Wie 1, nur daß der Wahrheitsgehalt einer Aussage überprüft werden soll. Auf der Rückseite steht „richtig“ oder „falsch“.
Beispiel: Abbildung wie bei 1. „Links ist ein Brot.“

4 Wie bisher, nur daß die Begriffe „links“ und „rechts“ nicht über den Seitenhälften stehen.

5 Es sind Tiere, Menschen oder auch nur Pfeile abgebildet, die in eine Richtung gehen oder schauen. Dabei stehen Fragen nach der Richtung. Andere Beispiele: „Woher kommt das Pferd?“ „Wohin schaut das Huhn?“

6 Wie 5, nur ohne die Begriffe „links“ und „rechts“.

7 Mengen sind nach der Anzahl der abgebildeten Dinge zu vergleichen. Beispiel: „Wo stehen mehr Stühle?“

8 Ergebnisse von Rechenaufgaben sind der Größe nach zu vergleichen.
Variante: „Auf welcher Seite steht das Ergebnis 5?“

9 Wie einige der vorstehenden Übungen, nur daß die Antworten aufgeschrieben werden sollen.

Raumlage

B E P G

Material: Lesekartei als Wende- oder Setzleistenkarten.
Es geht um Ortsbestimmungen. Dabei können die Lagebezeichnungen auf den ersten Karten dabeistehen, später sollen die Kinder die Lage selbst herausfinden.

1 In der Mitte der Karte befindet sich ein Quadrat. Außerdem ist ein kleiner Gegenstand abgebildet.

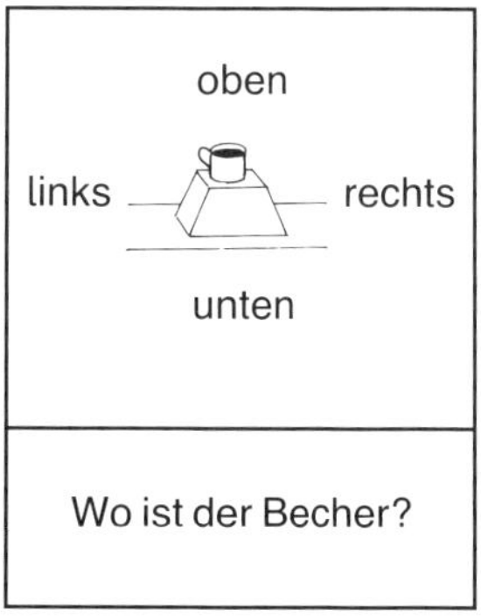

2 Wie **1**, nur ohne die Begriffe „oben“, „links“, „unten“, „rechts“.

3 Wie **1**, nur daß jetzt Fragen gestellt werden, die mit „ja“ oder „nein“ beantwortet werden sollen.
Beispiel: „Ist der Becher rechts?“

4 Die Schwierigkeit kann durch folgende Variationen gesteigert werden:
- a) Es werden auch die Ecklagen berücksichtigt. („Ist der Becher rechts unten?“)
- b) Räumliche Lagebeziehungen können z. B. durch Gegenstände und eine offene Schachtel dargestellt werden. Die Dinge können in, unter, neben, hinter der Schachtel liegen.
- c) Ist die Karte in 9 Felder (3 x 3) eingeteilt, kann die Lage eines Gegenstands genau angegeben werden. („Was ist links in der Mitte?“) Es bietet sich auch eine Verbindung zum Mathematikunterricht an: „Wie viele Punkte sind rechts oben?“ „Welche Aufgabe hat das größere Ergebnis: links unten oder links oben?“

Rätsel-Kiste

E P G

Material: Kleinteile-Magazin mit Schubladen oder Schuhkarton mit Filmdöschen. In jeder Schublade oder jedem Döschen befindet sich ein Zettel mit einer kleinen Knobel-, Denk- oder Malaufgabe.
Je nach dem Leistungsstand im Lesen können die Aufgaben in mehrere Schwierigkeitsstufen (v. a. Schriftanteil) gestaffelt werden. Diese können durch Farbpunkte auf den Schubladen oder Döschen gekennzeichnet werden.

1 Jeden Tag kommt ein anderes Kind an die Reihe. Es liest sich die Aufgabe durch und kann sie alleine, mit einem Partner oder in einer Gruppe dann lösen.
Wenn es möchte, kann es die Aufgabe auch der ganzen Klasse stellen. Ausgeführte Aufgaben werden durch andere ersetzt.

2 Die Rätselkiste benutzen zu dürfen, kann auch als Belohnungsinstrument eingesetzt werden.
Fundgruben für Rätsel können sein: Kinderzeitschriften, Rätsel- und Knobelbücher für Kinder, Materialien aus Freiarbeitsverlagen, Lese-Mal-Blätter usw.
Beispiele:

a) Schriftlos: Wimmelbilder, in denen bestimmte Gegenstände herausgesucht und gezählt werden sollen, Ausmalbilder, 2 Bilder, die verglichen und deren Abweichungen gefunden werden sollen, Suchbilder, Vexierbilder.
b) Mit Schrift: Einfache Kreuzwort- oder Silbenrätsel, schriftlich formulierte Zeichen- oder Malaufgaben (siehe Lese-Mal-Blätter), einfache Sach- oder Denkaufgaben aus der Mathematik, kleine Aufträge, Rätselfragen, kleine Schreibaufgaben, Reime, die fortgesetzt werden sollen, Scherzfragen.
c) Farben-Raten: Es soll jeweils eine Farbe erraten werden. So können 3 Begriffe oder 3 Sätze vorgegeben werden: Gras/Klee/Blatt oder Er ist kalt und fällt in Flocken vom Himmel./Schönwetter-Wolken/Schreibpapier hat meist diese Farbe.

Du triffst beim Kegeln sieben Kegel.
Wie viele bleiben stehen?

Eis- Fuß- Schul-
-hof -bär -ball

1 Bilde die richtigen Wörter.

2 Bilde drei Quatsch-Wörter.

Wer ist in einer Schule?

Male mit den Farben aus, die du am wenigsten magst.

Öffne den Schrank.
Sieh in das unterste linke Fach.
Öffne die Schachtel.

Wie heißt dieses Tier?
Welche Farbe hat es?

Wer ist Pippi Langstrumpf?
Welche Tiere leben mit ihr zusammen?
Wie heißen diese Tiere?

Schreibe auf, was du am liebsten ißt.
Du darfst drei Gerichte auswählen.

Experimentier-Kiste

E | P | G

Material: Holz- oder Plastikkiste mit allerlei Zutaten für einfache Experimente und eine Karte mit Anleitungen. Es gelten die gleichen Grundsätze wie z. B. für die Zauber-Kiste. Aus entsprechenden Büchern sind einfache Experimente zu entnehmen und auf den Sprachgebrauch von Erstkläßlern hin zu verändern. Zu einer Grundausstattung könnten z. B. gehören: kleine Stabmagnete, kleine Stücke versch. Materialien, Luftballons, Joghurtbecher, Gummiringe, Strohhalme …
Zu jeder Experiment-Karte kann es einen Satz Auswertungskarten geben. Darauf schreibt das Kind, was es beobachtet hat. Die Auswertungskarten können mit Versuchsnummern und Namen versehen in eine Box geworfen werden. Nach einem Vierteljahr wird ausgewertet: Wer ist der größte Naturwissenschaftler?

Du brauchst:	Ein Wasserglas, ein Stück Pappe, Wasser.
Das tust du:	Fülle das Glas randvoll mit Wasser. Lege die Pappe auf das Glas. Halte die Pappe fest. Drehe das Glas um. Lasse nun die Pappe los.
Was stellst du fest?	

Geheimschriften-Kiste

E | P

Material: wie Rätselkiste.
Entweder gibt es einen gemeinsamen Code für alle Entzifferungsaufgaben, der groß in der Klasse hängt, oder der jeweilige Code liegt den Aufgaben bei. Je nach Schwierigkeitsgrad (Farbkennzeichnung) sollen Wörter und Sätze entschlüsselt werden. Die Lösung liegt verdeckt bei.

1 Zahlencode: 1 2 3 4 …
A B C D …

2 Zeichencode: ↑ ↓ ↖ ↗ ↙
A I M P R

↗ ↙ ↓ ↖ ↑
_ _ _ _ _

3 Anlaut-Codierung:

____ ____ ____ ____

4 Umdrehen der Leserichtung: uD tsnnak rhes tug nesel.

5 Lautgebärden-Code: Wurden in der Klasse Lautgebärden eingeführt, können entsprechende Abbildungen einen Code ergeben.

Pantomimen-Kiste

P G

Material: Kärtchen mit Handlungsbeschreibungen.
Die zu spielenden Handlungen können mit Stichworten oder ausführlich beschrieben sein. Ein Kind nimmt sich ein Kärtchen, liest sich die Anweisung durch und spielt ohne Worte vor. Die anderen müssen erraten, um welche Handlung es ging.
Variante: 3 Kinder verlassen vor der Pantomime den Raum. Das erste Kind wird hereingerufen. Es bekommt die Pantomime vorgespielt. Es spielt nun seinerseits das Gesehene dem zweiten Kind vor usw. Die Zuschauer können beobachten, was sich verändert.

Zähne putzen

Du öffnest die Tür und gehst ins Badezimmer. Du drehst den Wasserhahn auf, nimmst Seife und reibst Dir die Hände damit ein. Anschließend spülst Du die Hände gründlich ab. Du drehst den Wasserhahn zu, nimmst ein Handtuch und trocknest Dir die Hände ab. Hänge das Handtuch wieder auf und gehe aus dem Badezimmer.

Witze-Kiste

E P G

Material: Untergebracht werden können die Witze in Schubladenkästen oder Filmdöschen (vgl. Rätselkiste). Die Witze können aus Kinderzeitschriften ausgeschnitten oder aus entsprechenden Witzbüchern kopiert werden.
Täglich wechselnd darf ein anderes Kind einen Witz ziehen. Es entscheidet selbst, ob es den Witz vorlesen bzw. beschreiben will, falls eine Zeichnung dabei ist. Anschließend wird der Witz ausgehängt. Die Kinder werden wohl für ausreichenden Nachschub an Witzen sorgen.

Wiewort-Kartei

E P

Material: Ein Zettelkasten mit Wiewort-Kärtchen. Dieser kann im Laufe der Zeit von den Kindern immer wieder aufgefüllt werden. Dazu gibt es Satzkärtchen mit einer Leerstelle für ein Adjektiv oder Adverb.
Die Kinder entnehmen je eine Satz- und eine Wiewortkarte und erlesen den vollständigen Zufallsatz.
In Partnerarbeit liest einer den Satz, der andere ergänzt.

Blumen duften ...	Die Herdplatte ist ...	Der Kuchen schmeckt ...	Die Mappe ist ...

lecker	spitz	schwer	gut	eisig	heiß	grün

Variante: Beim Einsetzen und Lesen muß das Wiewort verändert werden.

Das ... Wetter gefiel ihnen gar nicht.	Auf der ... Insel war es sehr schön.	Die ... Frau sammelte Pilze.

Frage-Antwort-Kiste

E P

Material: Schubladenkasten oder Kartei oder Sammlung von Filmdöschen o. ä. Das System hat zwei Teile: die Fragen und die Antworten. Dabei können beide Teile ausgegeben werden. Es wird dann eine zufällige Zuordnung getroffen, oder aus mehreren Möglichkeiten ist eine Auswahl zu treffen. Es kann aber auch nur ein Teil gegeben sein, die andere Hälfte ist dann frei zu ergänzen.

1 Das Kind entnimmt einer Schublade, einem Döschen, der Kartei usw. eine Frage. Drei Auswahlantworten sind gegeben. Die Rückseite verrät die richtige Lösung. Evtl. gibt es dort erweiterte Informationen.

Wozu braucht man ein Thermometer? **A** Um Wasser heiß zu machen. **B** Um zu sehen, wie das Wetter wird. **C** Um die Temperaturen (Wärme und Kälte) zu messen.	Ein Thermometer mißt Temperaturen. Es gibt Luftthermometer, die messen, wie warm die Luft ist. Wasserthermometer messen die Wärme des Wassers. Fieberthermometer messen die Wärme des Körpers.

2 Gegeben sind Auswahlfragen und eine Antwort. Die Rückseite verrät die richtige Frage.

A Wo kauft man Kaffee? **B** Womit kocht man Kaffee? **C** Womit trinkt man Kaffee? **D** Womit kauft man Kaffee? Mit einer Kaffeemaschine.	**B** Womit kocht man Kaffee?

3 Gegeben ist eine Frage. Die Kinder sollen selbst eine Antwort finden. Die Rückseite der Karte enthält eine Antwortmöglichkeit.

Welche Farbe hat eine Zitrone?	Was ist ein Jaguar?	Gibt es bei uns freilebende Löwen?
gelb	Ein Jaguar ist eine Raubkatze.	nein

4 Im Frage-Teil befinden sich gleich aufgebaute Fragen, z.B. nur Wie-Fragen. Im Antwort-Teil, der anders gekennzeichnet ist, befinden sich entsprechende Antworten. Ein Kind zieht eine Frage. Es selbst oder ein Partner zieht irgendeine Antwort. Die Zufallskombination wird vorgelesen.

Solche Karteien können im Laufe der Zeit von den Kindern ergänzt werden.

Wie sind Kinder?	leicht
Wie schmeckt Zucker?	hart
Wo findet Unterricht statt?	Im Bett.
Wo leben Fische?	Unter der Erde.
Warum duften viele Blumen?	Weil sie damit im Dunkeln gut tasten können.
Warum gehen Kinder in die Schule?	Weil die Milchzähne herausfallen.

Vorlese-Kiste

E

Material: Wie Rätsel-Kiste, nur daß hier kleine Geschichten in den Fächern liegen.
Es sollten Kinder vorlesen, die dies freiwillig und gerne tun.
Das Kind, das an der Reihe ist, zieht sich eine Weile zurück und übt den Text. Denkbar ist auch ein Vorlesen am nächsten Tag, so daß zu Hause geübt werden kann.
Der Text wird dann der Klasse vorgelesen.
Sobald die Kinder eigene Texte schreiben, können fehlerfreie, saubere Abschrift-Fassungen in die Vorlese-Kartei kommen.
Sind die kleinen Geschichten in Fortsetzung auf kleine Kärtchen geschrieben, kann diese Übung auch als Gruppenarbeit durchgeführt werden. Die Kärtchen sind numeriert. Es liest jeweils ein Kind ein Kärtchen vor. Selbstverständlich können auch dazu Kindertexte verwendet werden.

Die Hexe und der Osterhase von Serhat 1	Ach, diese blöde Osterzeit!" sagte Luisa, die Hexe, zum Raben Abraxas. 2
Luisa haßte Ostern über alles wie ihr Rabe Abraxas. 3	Sie versuchte immer wieder, den Osterhasen zu vergiften oder ihn aus dem Wald zu jagen. 4

Berufe raten

E P

Material: Kiste mit Beschreibungen von Berufen. Die Rückseite enthält jeweils die Lösung

1 Der Beruf soll auf Grund der Beschreibung gefunden werden.

Sie arbeitet auf dem Land. Sie fährt Traktor. Sie sät und erntet.	Bäuerin Landwirtin

2 Wie 1, nur daß die Aufgabenseite zusätzlich 3 Berufe zur Auswahl enthält. Evtl. soll der richtige Beruf aufgeschrieben werden.

Er legt Wasserrohre. Er repariert Wasserleitungen. Er baut Duschen ein. Heizungsbauer Klempner Schlosser	Klempner

Kasperle-Kiste

E P G

Material: Kartei mit Spielanleitungen, Handpuppen, Kasperle-Bühne.

Die Spielanleitungen können mehr oder weniger ausdifferenziert sein. Das geht von einer kurzen Konfliktbeschreibung bis hin zu vollständig ausfor-

mulierten Dialogen. Kasperle-Stücke findet man unter anderem in mehreren Taschenbüchern des Ravensburger Buchverlags Otto Maier.
Hauptsächlich sollten Zwei-Personen-Stücke angeboten werden, da sie im differenzierten Unterricht leichter einzustudieren sind. Ein festgelegter Zeitpunkt in der Woche sollte für Aufführungen zur Verfügung stehen. Zwei-Personen-Stücke können auch beidhändig von einem Kind dargeboten werden.
Variante: Stehen andere Handpuppen zur Verfügung, können entsprechende Spielsituationen angeregt werden.

Werkzeuge raten

E P

Material: Wendekarten-Kartei.

1 Aufgabenseite: Ein Werkzeug ist abgebildet. Dabei stehen drei Namen von Werkzeugen. Das richtige soll gefunden, evtl. beschrieben werden. Lösungsseite: Der richtige Name.

Zange
Schraubenzieher
Schraubenschlüssel

Schrauben-
schlüssel

2 Wie 1, ohne Vorgabe von Auswahlantworten.

3 A: Ein Werkzeug wird beschrieben. Dazu gibt es 3 Werkzeugnamen zur Auswahl. L: Der richtige Name und evtl. eine Abbildung.

Mit einem Hammer schlägt man ihn in Holz oder andere Materialien.
Er soll diese Materialien verbinden. Er ist dünn, lang und spitz.

Schraube
Nagel
Bleistift

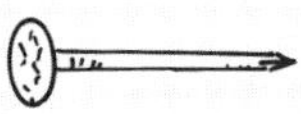

Nagel

4 Wie **3**, nur daß keine Auswahlantworten vorgegeben sind.

5 Wie **3**, nur daß Abbildungen vorgegeben sind.

6 Aufgabenseite: Ein Werkzeug ist abgebildet. Dazu gibt es drei Sätze. Lö-

Damit bohrt man Löcher.
Damit verbindet man Holzteile.
Damit schraubt man.

Damit bohrt man Löcher.
Das ist ein Bohrer für eine Bohrmaschine.

sungsseite: Der richtige Satz.
Variante: Entsprechend kann man Karteien gestalten mit den Themen „Küchengeräte raten", „Fahrzeuge raten", „Kleidungsstücke raten", „Möbel raten".

B E

Duft-Flaschen

Material: In einer Kiste – am besten mit Unterteilungen – befinden sich kleine Fläschchen mit Stöpsel oder Schraubverschluß. Jede Flasche trägt eine Nummer. Dazu gibt es eine Karte. Jede Karteikarte trägt eine Flaschennummer. Es sind vier Duftquellen angegeben. Die Rückseite verrät die Lösung. Selbstverständlich verbieten sich giftige Substanzen. Konzentrierte Duftflüssigkeiten sind jedoch stets toxisch, so daß klar sein muß, daß nur gerochen werden darf. Keinesfalls darf von den Duftstoffen etwas in den Mund gelangen, auch wenn es gut riecht. Verderbliche Stoffe sind ebenfalls zu vermeiden oder häufig zu ersetzen.

Rose	Zitrone
Nelke	Apfel

Beispiel: Duftstoff Rosenöl
Vorschlag für Duftstoffe:
Zitronenöl (Backaroma), Mandelöl (Backaroma), Kaffeepulver, Seife, verschiedene Aromaöle aus der Apotheke (Rose, Nelke, Apfel usw.), Gewürznelken, Pfeffer, Knoblauchgranulat, Benzin (!), Klebstoff, Gummibärchen, Brausepulver, Lakritz, getrocknete Pilze.

Geräusch-Dosen

B E

Material: In einer Kiste befinden sich Filmdöschen mit unterschiedlichem Inhalt. Jedes Döschen hat eine Nummer. Dazu gibt es eine numerierte Kartei. Die Aufgabenseite der Karte enthält 3 Auswahlmaterialien, die Lösungsseite das in der Dose befindliche Material. Die Döschen sind höchstens bis zu Hälfte gefüllt, damit man sie gut schütteln kann.
Füllmaterialen:
Perlen, Sand, Kies, Murmeln, Mehl, Reis, Erbsen, Steinchen, Anspitzer-Reste, Ringe, Schrauben, Nägel, Wasser, Erde, getrocknete Blätter, Holzstückchen, Holzwolle, Stahlwolle, Anspitzer, Radiergummi usw.

Schmeck-Dosen

B E

Material: Kiste mit Filmdöschen wie bei „Geräusch-Dosen". Der Inhalt besteht hier aus eßbaren, nicht-verderblichen Pulvern oder Flüssigkeiten. Es darf jeweils nur eine ganz kleine Menge gekostet werden. Die Augen sind beim Kosten zu schließen. Füllt man die Dosen kurz vor Gebrauch, können auch frische Materialien verwendet werden.
Füllmaterialien:
Salz, Zucker, Pfeffer, Knoblauch-Granulat, Zimt, Mehl, Brausepulver, Speiseöl, Kokosraspeln, gemahlene Mandeln, gemahlene Hasel- und Walnüsse, Kaffeepulver, Kakao, Milchpulver, Suppenwürze, getrocknete Steinpilze usw.

Satz-des-Tages

E P G

Material: Große Wortkarten (mindestens DIN A 4).
In der Klasse verteilt hängen einige Wortkarten. In die richtige Reihenfolge gebracht, ergeben die Wörter einen Satz.
Variante 1: Die Kinder, die die Lösung gefunden haben, schreiben den Satz auf einen Zettel, zusammen mit ihrem Namen. Aus den richtigen Lösungen wird ein Name gezogen. Dieses Kind darf sich einen neuen Satz ausdenken. Es schreibt den Satz für die Lehrerin auf oder diktiert ihn. Die Lehrerin stellt dazu die Wortkarten für den nächsten Tag her.
Variante 2: Wer den Satz zuerst findet, darf sich den nächsten ausdenken.
Variante 3: Die Sätze können Fragen sein. Dann ist jeweils die Antwort zu finden.

Variante 4: Wie 1, nur werden unterschiedliche Satzarten verwendet. Das richtige Satzschlußzeichen ist zu finden.

Schatzsuche

E P G

Material: Irgendwo in der Klasse, auf dem Schulgelände, im Park oder Wald bei einem Wandertag ist ein kleiner „Schatz" versteckt. Die Lehrerin schreibt, ausgehend vom Versteck, Hinweiszettel, die sie wiederum versteckt und die den Ort des jeweils nächsten Zettels verraten.

Je nach Leistungsstand kann der Ort durch eine Zeichnung, eine genaue Textbeschreibung oder eine rätselhafte Umschreibung erklärt werden. Die Kinder lesen den ersten Zettel und suchen auf Grund der dort stehenden Beschreibung den zweiten usw. Damit nicht immer nur die Schnellsten und Durchsetzungsfähigsten vorneweg stürmen und immer die Zettel finden, kann zusätzlich auf den Zetteln der Name des Kindes stehen, das den Suchtrupp anführen darf. Kein anderer darf vor diesem Kind sein. Dieses Kind darf dann auch den nächsten Zettel lesen, unabhängig davon, wer ihn findet. Auf diese Weise kann jedes Kind an die Reihe kommen, und außerdem können die Lese-Aufträge individuell je nach Leistungsstand gestaltet werden.

Variante: Haben Kinder Erfahrungen mit solchen Schatz-Suchen gesammelt, können kleinere derartige Aufgaben auch schon von oder gemeinsam mit Schülergruppen gestellt werden.

Beispiel für Schatzsuch-Zettel:

Sieh in dem Gerät nach, das den Garten sonst naß macht! Fabian	Dorthin fließt das Regenwasser vom Dach. Daniela
Manchmal muß man ein wenig in die Höhe. Aber Vorsicht, es piekt. Sandra	

Klappbüchlein

E P

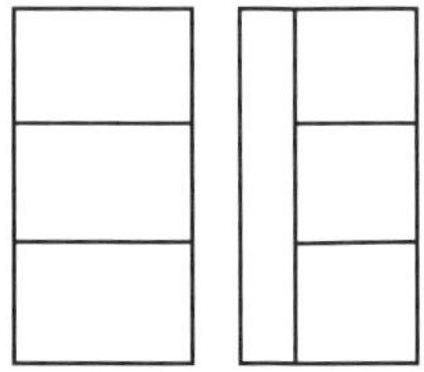

Material: Klappbüchlein gibt es als Blankomaterial bei verschiedenen Freiarbeitsverlagen.
Preiswerte Eigenherstellung: DIN-A-5-Blätter hochkant legen, dritteln und zerschneiden. Auf einen Kartonstreifen mehrere Schichten der gedrittelten Blätter kleben. Zum Abschluß einen zweiten Streifen darüberkleben.
Variante 1: Büchlein quer legen. Dreisilbige Wörter aufschreiben, je Blatt eine Silbe. Durch freies Kombinieren beim Lesen ergeben sich Unsinnswörter. Beispiel-Beschriftung: Kro-ko-dil, E-le-fant, A-mei-se, Gold-ham-ster, Kän-gu-ruh, Meer-schwein-chen.
Variante 2: Büchlein hochkant legen. Blätter mit einfachen dreigliedrigen Sätzen (Subjekt, Prädikat, Objekt) beschriften. Besonders motivierend ist diese Übung, wenn die Namen der Kinder aus der Klasse verwendet werden.
Beispiel-Beschriftung:
Oliver – kaut – Kaugummi.
Marcus – bastelt – eine Burg.
Henrik – malt – ein Bild.
Julia – grüßt – den Briefträger.
Mascha – streichelt – den Hamster.
Gegenseitiges Vorlesen macht mehr Spaß als alleine zu lesen.

4-Fach-Kartei

E P

Material: Prinzip wie Klappbüchlein, jedoch mit 4 Unterteilungen. Die Herstellung erfordert weniger Aufwand. Am besten verwendet man für die Satzteile jeweils eine andere Papierfarbe. So erspart man sich ein mögliches Durcheinander, und so kann man die spätere grammatikalische Begriffsbildung unterstützen. Die Aufbewahrung kann in Schachteln erfolgen, die eine Unterteilung enthalten. Es genügt aber auch eine Bündelung mit Gummiringen. Im zweiten Fall muß lediglich die Farbreihenfolge vorher geklärt werden.
Beschriftungs-Beispiel für eine 4-Fach-Kartei:
Jan – gibt – Oma – einen Kuß. Melanie – schreibt – ihrer Freundin – einen Brief. Papa – kocht – den Kindern – Pudding. Florian – streichelt – der Katze – das Fell. Der Vogel – holt – seinen Jungen – einen Regenwurm.

Satzpuzzle-Karten

E P

1 Satzpuzzles

Material: Kartensätze mit jeweils 3 bis 5 Karten.
Jede Karte enthält ein Wort. Die Karten sollen so geordnet werden, daß sie einen Satz ergeben. Dieser kann dem Partner vorgelesen werden. Zur Selbstkontrolle enthalten die Rückseiten Linien, die bei richtiger Anordnung ein Muster oder eine Form ergeben.

Aufgabe	ihre	Julia	vergessen	hat

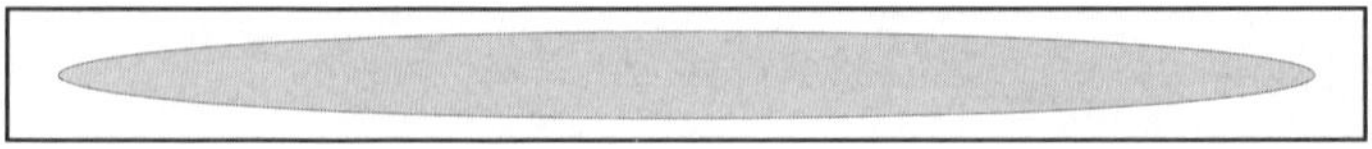

blüht	Blume	Die

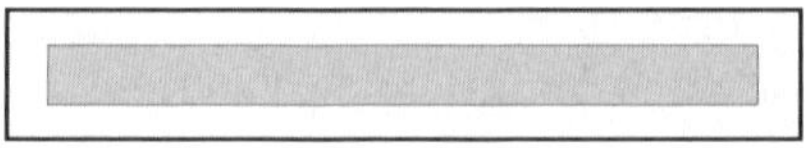

2 Geschichten-Karten

Material: Kartensätze mit jeweils 3 oder 4 Karten.
Jede Karte enthält ein bis zwei Sätze. Richtig geordnet ergeben die Karten eine kleine Geschichte. Diese kann einem Partner vorgelesen werden.

Sie landet mit dem Po in der Pfütze.	Julia nimmt Anlauf. Sie springt kräftig ab.	Der nasse Boden ist glatt. Julia rutscht aus.
3	**1**	**2**

Schubladen-Spiele (II)

E P

Material: Siehe Schubladen-Spiel in Phase I.

1 Rätsel-Karten

Das Ding ist rund.
Es hat vier Löcher.
Es wird in ein anderes Loch gesteckt.
Es ist an Kleidung.
Es fängt mit K an.

Die Kinder erhalten Aufgabenkarten, die in Satz- oder Textform den gesuchten Gegenstand beschreiben.
Die Kinder sollen den betreffenden Gegenstand heraussuchen. Zur Selbstkontrolle können die Aufgabenkarten numeriert sein. In der Schublade befindet sich dann neben dem Gegenstand die Kontrollzahl.

2 Reim-Karten

Neben den Gegenständen befinden sich in den Schubladen einseitig beschriftete Kärtchen. Sie enthalten Wörter, die sich auf den Gegenstandsnamen reimen. Diese Karte liegt verdeckt in der Schublade. Die Kinder sollen versuchen, selbst Reime auf den Gegenstandsnamen zu finden. Zur Kontrolle lesen sie den Namen.
Variante: Anstelle der Namen können zur Kontrolle auch Abbildungen vorgegeben sein. Dann ist diese Übung sehr gut für den Schuljahresanfang geeignet.

3 Matrix-Lesespiel

Die Kinder haben eine Liste mit den Namen aller Gegenstände (ungeordnet). Sie lesen ein Wort. Dahinter schreiben sie die Lage der Schublade (1. Zahl von links nach rechts/ 2. Zahl von oben nach unten). In der Schublade befindet sich neben dem Gegenstand auch die richtige Zahlenkombination.

4 Geschichten erfinden

Es werden zwei oder drei beliebige Schubladen aufgezogen. Das Kind denkt sich eine Geschichte zu diesen Gegenständen aus. Es erzählt sie dem Partner oder schreibt sie auf. Die Geschichten können auch laut in der Klasse gelesen werden.

5 Satz-Ergänzungs-Spiel

Das Kind hat einen Stapel mit Satzkarten. Es fehlt jeweils ein Satzteil. Der Satz wird gelesen und mit Namen einer beliebigen Schublade ergänzt. Der vollständige Zufallssatz wird dem Partner vorgelesen.
Beispiel: ... springt ins Wasser. ... trinkt Saft. ... ist weich.
Variante: Ein Partner zieht die Schublade und nennt das Wort. Der andere ergänzt mit Hilfe seiner Satzkarte.

6 Satz-Puzzle

In jeder Schublade befinden sich Wortkarten, die zu einem Satz kombiniert werden können. Die Karten sollen vom Kind in die richtige Reihenfolge gebracht werden. Zur Kontrolle kann sich in der Schublade eine verdeckt liegende Lösungskarte befinden.

Sofa	weich	Das	ist

Variante: Vor allem bei längeren Sätzen kann zusätzlich eine Abbildung liegen, die die Satzbildung erleichtert. Außerdem kann das Anfangswort gekennzeichnet sein.

sitzen	einer	Zwei	Männer
alte	Bank	auf	

7 Sätze bilden

In jeder Schublade befinden sich ein Bild oder ein Kleingegenstand sowie ein Stapel kleiner Blätter, mit der in der Klasse verwendeten Lineatur. Das Kind soll einen Satz schreiben in dem der Name des Gegenstands vorkommt. Seinen eigenen Namen soll es auch aufschreiben.
Wird der Satz von der Lehrerin in „Erwachsenenschrift“ auf der Rückseite oder mit Hilfe eines Computers auf ein Extrablatt geschrieben, kann er als zusätzlicher Lesestoff mit in die Schublade kommen.
Am Ende des Schuljahres entsteht ein Buch. Auf jeder Seite stehen das Bild des Gegenstands und alle Sätze der Kinder mit ihren Namen.

Zeiten-Wechsel

B

Material: Auf festem Karton (z.B. DIN A 6) steht fortlaufend eine Geschichte. Die Karten sind entsprechend der Reihenfolge des Textes numeriert. Ist die Vorderseite beispielsweise im Präsens gehalten, steht auf der Rückseite die genau gleiche Geschichte, nur im Imperfekt.

Das Kind, das die Vorderseite sieht, liest den Text vor. Allerdings „übersetzt" es den Text dabei in die andere Zeit. Das Kind, das die Rückseite sieht, liest leise kontrollierend mit.

Es versteht sich von selbst, daß dies eine Übung für Könner ist.

Variante: Begonnen werden kann mit einzelnen Sätzen.

1 Wandle in die 1. Vergangenheit um. **Die kleine Hexe hat Ärger.** Es ist eine kleine Hexe, die ist erst einhundertsiebenundzwanzig Jahre alt, und das ist ja für eine Hexe noch gar kein Alter. Sie wohnt in einem Hexenhaus, das steht einsam im tiefen Wald. Weil es nur einer kleinen Hexe gehört, ist auch das Hexenhaus nicht besonders groß.	**2 Wandle in die 1. Vergangenheit um.** Der kleinen Hexe genügt es aber, sie hätte sich gar kein schöneres Hexenhaus wünschen können. Es hat ein wundervoll windschiefes Dach, einen krummen Schornstein und klapprige Fensterläden. Hinten hinaus ist ein Backofen angebaut. Der darf nun einmal nicht fehlen. Ein Hexenhaus ohne Backofen wäre kein richtiges Hexenhaus.
Die kleine Hexe hat Ärger. Es war eine kleine Hexe, die war erst einhundertsiebenundzwanzig Jahre alt, und das ist ja für eine Hexe noch gar kein Alter. Sie wohnte in einem Hexenhaus, das stand einsam im tiefen Wald. Weil es nur einer kleinen Hexe gehörte, war auch das Hexenhaus nicht besonders groß.	Der kleinen Hexe genügte es aber, sie hätte sich gar kein schöneres Hexenhaus wünschen können. Es hatte ein wundervoll windschiefes Dach, einen krummen Schornstein und klapprige Fensterläden. Hinten hinaus war ein Backofen angebaut. Der durfte nun einmal nicht fehlen. Ein Hexenhaus ohne Backofen wäre kein richtiges Hexenhaus.

Lese-Lotterie

B B

Material: Auf kleinen Zetteln (DIN A 7 oder 8) stehen unterschiedliche Texte. Die Blätter werden zu Losen zusammengerollt und mit einem kleinen Gummiring versehen. Die Enden können auch geheftet werden. Sie sind dann vorsichtig abzureißen. Es genügt aber auch ein mehrfaches Zusammenfalten.

Die „Gewinne" bestehen aus Abzählversen, Reimen, kleinen Geschichten, Witzen, Rätselfragen, Sprüchen, Aussagen über Kinder der Klasse, ausformulierte Versprechungen von Belohnungen (Beispiel: „Du kannst Dir von der Lehrerin einen Kaugummi abholen." „Du darfst ein Sprechbild herstellen.") und anderem mehr.

Die Nieten sind Unsinnsformulierungen wie „Ein Bleistift fährt Rad." „Leberwurst im Gartenzaun", „Tinte im Tee".

Das Ziehen der Lose kann im täglichen Wechsel geschehen oder auch als Belohnung. Statt des Griffs in das Bonbonglas gibt es das Ziehen eines Loses als Belohnung. Wer ein Los gezogen hat, liest laut den Text vor. Am Beginn können ganz einfache Texte stehen, die dem Buchstabenaufbau eines Lehrgangs entsprechen können. Das Vorlesen sollte stets freiwillig sein. In der Phase 1 können auch nur einzelne Wörter auf den Losen stehen. Die Nieten sind Nonsenswörter (Lamu, Molo, Sulu).

Variante: Die Kinder schreiben die Texte für die Lose selbst.

Setzleisten-Lesekärtchen

Material: Setzleisten (vgl. „Setzleistenkärtchen" Phase 1), Setzleistenkärtchen.

1 Wörter lesen

Aufgabenteil: Wort, Lösungsteil: Bild.

2 Rätsel

Aufgabenteil: Rätselsatz oder -text, Lösungsteil: Lösungswort.

Poesie-Kiste

E P G

Material: In Umschlägen versteckt (vgl. Lexikon-Kiste) befinden sich Blätter mit je einem Gedicht, Reim, Lied oder Abzählvers.
Zu bestimmten Gelegenheiten (Geburtstage, fester Zeitpunkt in der Woche o. a.) darf ein Kind eine Karte ziehen. Das Gedicht wird geübt und dann vom Kind vorgelesen.
Variante 1: Das Gedicht wird auswendig gelernt und dann vorgetragen.
Variante 2: Das Gedicht kann illustriert werden.
Variante 3: Angefangene Reime können vom Kind fortgesetzt werden.

Die Gedichte können anschließend an einem besonderen Ort ausgehängt werden. Sie bleiben dort hängen, bis der nächste an die Reihe kommt. Die abgenommenen Blätter werden abgeheftet. Die Gedicht-Bücher stehen dann in der Klassenbücherei.
Die Kinder können eigene Vorschläge für die Poesie-Kiste einbringen. Entweder werden sie von den Kindern selbst geschrieben oder der Lehrerin diktiert. Reimkärtchen können als Anregung für einfache „Hausmacherverse“ in der Kartei enthalten sein.

In aller Kürze

E P G

Aus Platzmangel können die folgenden Vorschläge nur in Stichwortform angegeben werden.

1 **Mal-Kartei:** Anweisungen zum Zeichnen oder Malen. Anders bei den Lese-Mal-Blättern wird nicht direkt auf dem Aufgabenblatt gearbeitet, und es gibt auch keine vorgefertigten Teilbilder.

2 **Zauber-Kiste:** In einer Kiste gibt es allerlei Zubehör für einfache Zaubertricks und eine Kartei mit Beschreibungen der Tricks.

3 **Architekten-Spiel:** Auf einer Platte (Pappe, Sperrholz) soll nach Anweisungen eine Stadt, ein Spielplatz aufgebaut oder ein Zimmer eingerichtet werden. Die Elemente können Bausteine, Spielzeughäuser, Puppenmöbel oder auch nur Abbildungen sein.

4 **Sortier-Kiste:** Es gibt einige Schachteln oder Schubladen für unterschiedliche Textsorten (Witze, Gedichte, Märchen ...) und eine große Schachtel mit Zetteln, auf denen jeweils kleine Texte stehen.

5 **Sketche-Kiste:** Spielanleitungen für kleine Sketche liegen in Karteiform vor.

6 **Verkleidungs-Kiste:** Eine Kiste mit abgetragenen Kleidungsstücken liefert das Material. Eine Kartei enthält Kostümbeschreibungen. Soll es eine Selbstkontrollmöglichkeit geben, befindet sich auf der Rückseite jeder Karteikarte ein Foto eines entsprechend kostümierten Kindes.

7 **Bastel-Kiste:** Eine Kiste enthält alle möglichen Bastelmaterialien. Dazu gibt es eine Kartei mit einfachen Bastelanleitungen. Jede Anleitung enthält eine Materialbeschreibung und eine Anleitung in Wort und Bild.

8 **Tast-Säckchen:** In jeder Kiste befinden sich Säckchen aus undurchsichtigem Stoff. In jedem Säckchen befinden sich irgendein Gegenstand und ein Schriftkärtchen aus fester Pappe oder aus Holz. Der Gegenstand wird im Säckchen mit einer Hand ertastet. Er soll unsichtbar im Sack verbleiben. Dann wird das Kärtchen entnommen. Es enthält drei Namen. Der richtige ist zu erraten. Es können auch das Material oder die zu fühlenden Eigenschaften des Gegenstands erraten werden.

9 **Buttons:** Kleine Kartonkärtchen werden mit Miniklammern an der Kleidung befestigt. Sie werden von den Kindern beschriftet und illustriert. So kann jeder seine selbsterdachten, geschriebenen und bebilderten Sprüche und Schlagworte spazierentragen.

Schwerpunkt Freies Schreiben

Da der Schwerpunkt dieses Buch im Bereich des Lesens liegt und um den Umfang des Bandes in Grenzen zu halten, sind Vorschläge für das Freie Schreiben und die Rechtschreibung lediglich in Stichwortform gehalten. Auf Beispiele wurde weitgehend verzichtet.

Lexikon-Kiste

E P G

Material: DIN-A-5-Blätter hochkant in Umschlägen. In jedem Umschlag befindet sich ein Blatt. Auf jedem Blatt ist ein Begriff dargestellt (Pflanze, Tier usw.). Der Name steht groß als Überschrift dabei. Eine Abbildung illustriert den Begriff.
Die Kinder malen und schreiben dazu, was sie über den Begriff wissen.
Einfache, kindgemäße Texte erläutern den Begriff. Sie können von dem Kind, das die Karte gezogen hat, vorgelesen werden.
Variante: Zusätzlich zu den Texten gibt es kleine Aufgaben oder Fragen, die mit Hilfe der Informationen der Karte gelöst werden können. In diesem Falle wird nicht vorgelesen, sondern in Einzel- oder Partnerübung still sinnerfassend gelesen und bearbeitet.
Anschließend können die fertig bearbeiteten Karten aufgehängt werden. Dabei kann nach Oberbegriffen sortiert werden: Pflanzen und Tiere an unterschiedliche Wände usw. Allmählich entstehen so klasseneigene Lexika. Mit ihrer Hilfe wird die Begriffsbildung der Kinder erweitert.
Im 2. Schuljahr können dann die Blätter nach dem Alphabet geordnet und anschließend geheftet werden.

Comics

E P

Material: Beliebige Comic-Seiten aus Serien, die Kindern der ersten Klassen schon vertraut sind, werden mit dem Kopiergerät vergrößert. Vor der Vervielfältigung werden die Texte der Sprechblasen überklebt oder mit Tipp-Ex abgedeckt.
Die Kinder betexten die Comics selbst. Für den Anfang eignen sich Einzelbilder.

Sprechbilder

E P

Material: Von den Fotos der Kinder, die die Lehrerin im Laufe der Zeit aufgenommen hat, werden einige jeweils auf ein größeres Blatt Papier geklebt, und das oder die abgebildeten Kinder werden mit einer großen Sprechblase versehen. Bei kontrastreichen Aufnahmen können diese Bilder auch kopiert werden.

Den abgebildeten Kindern können nun Äußerungen oder Gedanken in den Mund gelegt werden. Aus den kopierten Fassungen können jeweils Klassen-Bücher zu dem einen Bild zusammengestellt und geheftet werden.

Als Lese-Übung kann eine Auswahl von Sprechblasentexten vorgegeben werden. Die Kinder schneiden sich den Text ihrer Wahl aus und kleben ihn ein.

Monats-Kalender

E P G

Die Kinder illustrieren und betexten das Blatt jeweils eines Monats. Die Bild- und Textinhalte sollen auf den entsprechenden Monat bezogen sein. Da Kinder des ersten Schuljahrs oft noch über kein ausgeprägtes Bewußtsein der Jahresgliederung verfügen, empfiehlt es sich, von jedem Kind den Monat seines Geburtstages bearbeiten zu lassen, da es damit konkrete Vorstellungen verbinden kann.

Diese Blätter können zusammen mit dem Namen und/oder dem Bild des Kindes auch als Geburtstagskalender dienen.

Tages-Kalender

E P G

Material: DIN-A-4-Blätter enthalten im oberen Drittel das jeweilige Tagesdatum, einschließlich des Wochentags. Der untere Teil steht zur individuellen Gestaltung zur Verfügung.

Statt eines kommerziellen Kalenders kann ein Klassen-Tageskalender erstellt werden. Der Kalender wächst von Tag zu Tag. Später können die Blätter monatsweise zu Büchern geheftet werden, die in der Klassenbücherei ausgelegt werden.

1 Die Lehrerin beschriftet den unteren Teil mit für die Klasse und den jeweiligen Tag wichtigen Informationen: Besondere Vorhaben im Unterricht, besondere Ereignisse bei Kindern (Geburtstage, Krankheiten, Fei-

ern, Sportveranstaltungen), Kommentare zu Vorkommnissen usw. Möglich sind auch Aufträge an einzelne Kinder oder die ganze Klasse, Rätsel, Gedichte usw.

2 Kinder gestalten den unteren Teil. Sie können malen und/oder schreiben. Zu den Möglichkeiten unter **1** kann v. a. hinzukommen ein jeweiliger Rückblick auf den aktuellen Schulvormittag. Ein Kind malt oder schreibt also in der letzten Stunde oder am Nachmittag zu Hause auf, was am jeweiligen Tag geschehen ist. So entsteht im Laufe der Zeit eine Art Klassenchronik in Kalenderform.

Frage-Wand

E P G

Wer irgend etwas wissen möchte, schreibt seine Frage auf einen Zettel und heftet diesen an eine Pinnwand unter ein großes Fragezeichen.
Die Antworten können mündlich oder schriftlich gegeben werden, von Kindern oder von der Lehrerin. Braucht jemand eine Information dringend, kann er seine Frage mit einem dicken, roten Fragezeichen versehen.
Es sollten Regeln vereinbart werden, wann die Fragewand nicht benutzt werden darf: z. B. beim arbeitsgleichen Unterricht, bei Stillarbeit, während des Stuhlkreises.

Briefkasten

E P

Ein- oder zweimal die Woche zu festgelegten Zeitpunkten leert ein „Postbote“ den Kasten und verteilt die Briefe. Damit diese die gewünschte Person erreichen, muß eine Adresse auf dem Brief stehen. Damit der Autor weiß, wer den Brief geschrieben hat, ist auch die Notation des Absenders erforderlich.

Pinn-Wände

E P G

Material: Pinwände aus Kork, Preßpappe oder Magnettafeln mit Magnetelementen, mit deren Hilfe Zettel befestigt werden können.
„Das ärgert mich“: Kinder und Lehrerin können hier ihre Frustrationen loswerden. Aus entsprechenden Mitteilungen, die ausgehängt werden, können sich Gespräche oder schriftliche Kommunikationen entwickeln.

Selbstverständlich wird vorher abgesprochen, daß dies nicht der Platz ist, um Beleidigungen oder Herabwürdigungen loszuwerden.
„Das hat mich besonders gefreut“: /
„Ich möchte tauschen“: Es sollte vorher abgesprochen werden, daß die Eltern vor jedem geplanten Tausch zu befragen sind, sonst kann es zu erheblichem Ärger kommen. Kinder haben andere Bewertungsmaßstäbe materiellen Dingen gegenüber als Erwachsene.
„Ich verschenke:“/„Ich suche:“/„Ich wünsche mir:“/„Das kann ich nur empfehlen:“

Geschichten-Kartei

E P G

In Freiarbeitsphasen können sich die Kinder ein beliebiges Thema aussuchen und in ein Geschichtenheft oder auf gesonderte Schreibblätter einen Text dazu schreiben. Selbstverständlich sollte ein Anstreichen von „Fehlern“ im ersten und zweiten Schuljahr unterbleiben.
Die Titel können auf kleine farbige Kärtchen geschrieben werden, die in einer offenen Kartei in der Klasse stehen. Wer Lust und Zeit hat, sucht sich ein Themenkärtchen heraus und schreibt dazu eine Geschichte. Die Texte können auch durch Bilder oder Geschichtenanfänge angeregt werden.

Hier nur einige wenige Themen unserer Klassenkartei:
Als ich den Saurier traf
Ein seltsamer Besucher
Ein schöner Traum
Da war ich ganz mutig
Auf dem Dachboden
Ich war schrecklich wütend
Und ich habe es doch geschafft!
Streit
Die geheimnisvolle Tür
Der sprechende Hund
Im dunklen Keller
Die Tür hinter der Tafel
Mein neues Haustier
Meine beste Freundin
Als ich ins Krankenhaus mußte
Der listige Fuchs
Monster kann nicht einschlafen
Das habe ich nicht gewollt
Die neuen Nachbarn
Das alte Schloß
Die Zwerge im Abflußrohr
Der Ring aus Glas
Das Gespenst im Schornstein
Opa

Klassen-Lesebücher

E P G

Material: Fotos aus dem Schulalltag.
Die Lehrerin dokumentiert mit Hilfe des Fotoapparats den Ablauf des Schuljahres. Alle wichtigen Ereignisse, aber auch die Aktivitäten eines ganz normalen Vormittags werden aufgenommen. Mit Hilfe dieser Bilder können von den Kindern „Klassen-Lesebücher" hergestellt werden. Anfangs diktieren die Kinder der Lehrerin, was sie für erwähnenswert halten, später schreiben sie es selbst auf.
Die Verschriftung wird vielleicht mit einzelnen Wörtern oder kurzen Sätzen beginnen und wird sich zu umfangreichen Geschichten erweitern. Da die Texte ja für alle lesbar sein sollen, wird von den Kindern die „Übersetzung in die Erwachsenenschrift" gern akzeptiert und nicht als Abwertung und Diskriminierung empfunden. Der Einsatz von Computern mit ihren großen, sauberen Schriften ist auch hier von Vorteil, aber keinesfalls unabdingbar.
Gebunden oder geheftet stellen die illustrierten Texte der Kinder spannende Klassenlektüre dar, zu welchen auch die Eltern bei Besuchen oder Elternabenden gerne greifen.

Hier nun eine kurze Auflistung möglicher Themen:
Hier wohne ich / Der erste Schultag / Wandertage / Laternenumzug / Weihnachtsbäckerei / Nikolaus / Weihnachtsfeier / Fasching / Kino- oder Theaterbesuche / Ostereier-Suchen / Ein ganz normaler Schultag / Pausen / Traumbuch / Wünsche-Buch / Das bin ich: / Meine Osterferien / Meine Eltern / Meine Familie / Oma und Opa / Mein Haustier / Meine Lieblingstiere / Tiere, die ich gar nicht mag / Meine Leibspeisen / Hexensuppe / Das spiele ich gern / Mein bester Freund oder meine beste Freundin / Was ich in der Schule am liebsten mache / Das Angst-Buch / Mein Lieblings-Märchen / Das Gespenster-Buch / Zaubersprüche / Mein Traumhaus / Mein Traum-Spielplatz / Meine Traumstadt (-dorf) / Wenn ich erwachsen bin / So sieht die Welt in 30 Jahren aus: / Wenn ich bestimmen dürfte / Wenn ich selbst Kinder hätte / Meine Lieblingswörter / Das Paradies / Die Hölle

Schwerpunkt Rechtschreibung

Auch beim Schwerpunkt Rechtschreibung sind die Differenzierungsvorschläge lediglich in Stichwortform gehalten.

Setzleisten-Schreibkärtchen

E

Beispiel:

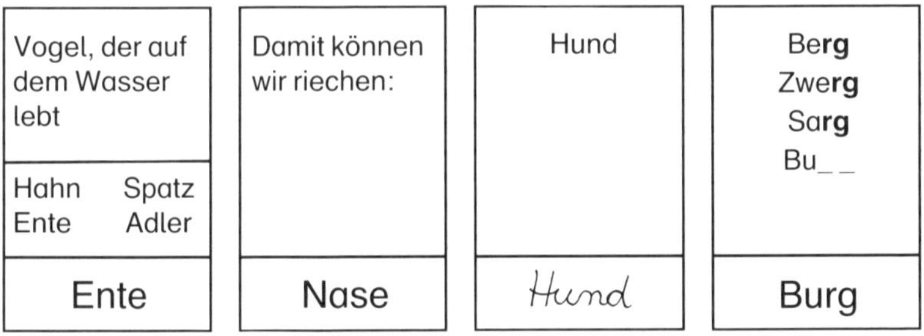

Bausteine

E **P** **G**

Material: Lego- oder Lego-Duplo-Steine, die seitlich beschriftet sind. Entweder wird mit einem wasserfesten Folienschreiber direkt auf die Steine geschrieben, oder es werden Schriftkärtchen aufgeklebt. Selbstklebe-Etiketten machen am wenigsten Arbeit und lassen sich auch leicht wieder ablösen. Zusätzlich sollte noch eine lange, schmale Grundplatte zum Aufstecken der Steine vorhanden sein. Wenigstens drei Steine sollten nebeneinander Platz haben. Die Steine sollten farblich sortiert sein, nach Anfangs-, End- oder Stammorphemen.

1 In die Mitte wird zunächst das Stammorphem gesteckt. Es wird mit Anfangs- und/oder Endmorphemen erweitert. Der Partner liest das entstandene Wort. Dann wird abgewechselt.

2 Wie 1, nur daß die entstandenen Wörter geschrieben werden.

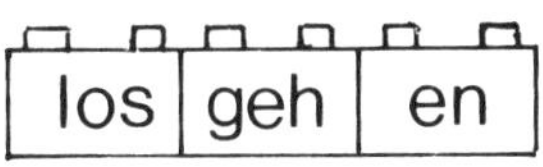

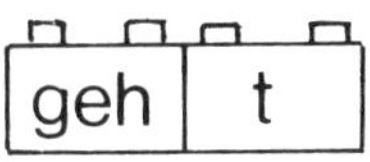

3 Wie 1 oder 2, nur daß auf den Steinen ganze Wörter stehen, die zu Sätzen zusammengebaut werden.

4 An Stelle von Bausteinen kann mit Kartonkärtchen in drei Farben und einer Setzleiste gearbeitet werden.

Morphem-Karten E P

Material: In jeder Schublade eines Kleinteilemagazins oder jedem Umschlag einer Kartei befinden sich folgende Teile: Ein Stammorphem (Farbkennzeichnung) und einige passende Anfangs- und/oder Endmorpheme auf Kärtchen. Dazu gibt es eine Aufgabenkartei. Diese enthält auf der Vorderseite einen Satz, in dem ein Wort fehlt.
Das fehlende Wort kann und soll mit den Kärtchen gebildet werden. Die Rückseite der Aufgabenkarte enthält die Lösung.
Entweder ist dann das fehlende Wort oder der vollständige Satz zu schreiben.

an	ge	auf	ruf	en	t	st

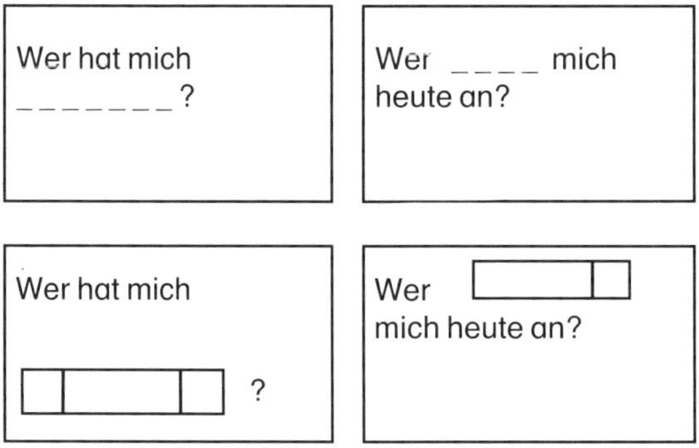

Schreibschrift-Vorlagekärtchen E

Material. Kartonkärtchen als Kartei. Die Buchstaben der verbundenen Schrift und einfache Wörter, die die Verbindungen der Buchstaben aufzeigen, stehen in der in der Klasse verwendeten Lineatur.

Die Buchstaben und Wörter sollen in ein Heft abgeschrieben werden, jeweils eine Zeile voll. Das Kind markiert selbst den gelungensten Buchstaben oder das gelungenste Wort durch einen Punkt, ein Sternchen o.ä.

1 Das Kind kann sich das Wort (den Satz) aussuchen, das (den) es schreiben möchte.

2 Das Richtige ist abzuschreiben.

Buchstaben-Vorlagekarten

E

Material: Kaschierter Karton DIN A 4 mit Buchstaben der verbundenen Schrift, Schreibrichtungspfeilen und Nummern, die die Reihenfolge des Schreibablaufs vorgeben. Pfeile und Nummern haben eine andere Farbe als die Schreibvorlage. Die Buchstaben werden mit dem Finger mehrfach nachgefahren und an-

schließend groß auf „Altpapier“ (Tapetenreste, Rückseite alter Arbeitsblätter, Computerpapiere usw.) mit dickem Stift abgeschrieben. Erarbeiten sich die Kinder die verbundene Schrift im offenen Unterricht, sollten zusätzlich die entsprechenden Druckschriftbuchstaben in kleinerer Form und evtl. ein Anlautbild dabeistehen.
Variante: Es gibt auch Karten, mit denen die Buchstabenverbindungen geübt werden, wobei ganze Wörter besser sind als sinnleere Buchstabenkombinationen.

Schreibschrift-Übersetzung

E

Material: Kartonkarten für die Setzleiste oder als Wendekärtchen.
Die Buchstaben oder Wörter sind ins Heft zu schreiben. Die Lösungsteile dienen der Selbstkontrolle. Beispiele:

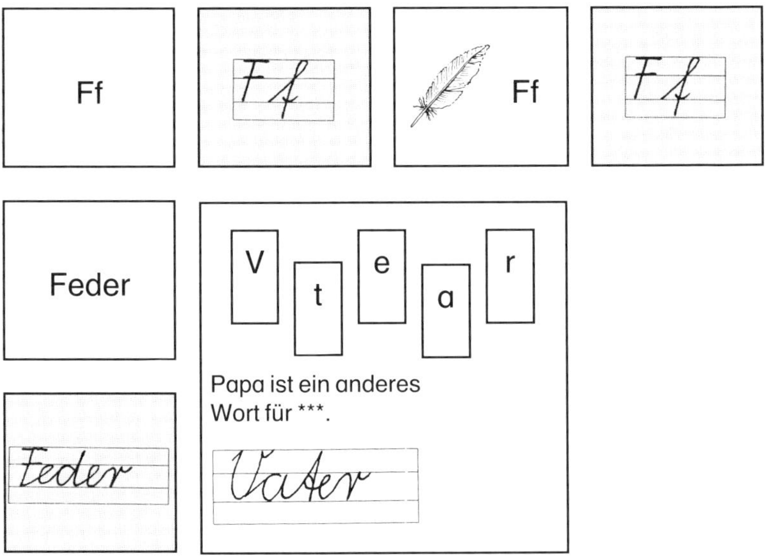

Grundwortschatz-Kartei

E

Material: Karteikästen aus Kunststoff oder Pappe (Verpackungsmaterial), in die Kartonunterteilungen eingeklebt werden. Mehrfächer-Karteien gibt es auch im Verlagsangebot. Insgesamt sollten 5 Fächer enthalten sein.

Bei Grundwortschatz-Übungen geht es weniger um das Einschleifen vollständiger Wortbilder, wie man es früher als Aufgabe ansah. Heute weiß man, daß ein reines Auswendiglernen von Wörtern eine viel zu große Gedächtnisleistung darstellen würde. Es geht vielmehr darum, an Hand des ausgewählten Wortmaterials die Kinder Strukturen, Regeln, Rechtschreibmuster unserer Schrift **erfahren** zu lassen.
Im Sinne der individuellen Regelerschließung werden die Lernwege der Kinder trotz gleichen Übungsangebots sicher sehr unterschiedlich verlaufen. Durch die intensive Übung der immer gleichen Wortstrukturen wird jedoch eine intensive Auseinandersetzung mit den jeweiligen Rechtschreibstrukturen gefordert. Jedes Wort der Kartei muß in zeitlichen Mindestabständen mindestens viermal in Folge richtig geschrieben werden. Bei ungenügender Erfassung der im Wort enthaltenen Problemzonen wird dies kaum gelingen können. Deshalb verspricht die eigentlich behaviouristisch begründete Lernmethode auch unter dem Blickwinkel der Theorie der individuellen Regelerschließung gute Erfolgsaussichten.
Die Karten, die bearbeitet werden sollen, kommen in das erste Fach. Das Kind entnimmt dem ersten Fach eine Aufgabenkarte und schreibt das betreffende Wort. Auf der Rückseite steht das korrekte Wort für die Selbstkontrolle. Wurde das Wort richtig geschrieben, kommt es in das zweite Fach. Im Abstand von wenigstens einem Tag können dann die Wörter des zweiten Fachs aufgegriffen werden. Ein mehrfaches Aufschreiben direkt hintereinander verspricht wenig Erfolg, da hier allzu mechanisch vorgegangen werden kann und eine Auseinandersetzung mit dem Rechtschreibproblem nicht mehr stattfinden muß.
Mit jeder korrekt aufgeführten Schreibung wandert die Karte immer ein Fach nach hinten. Wird zwischendurch das Wort einmal anders geschrieben, kommt es zurück ins erste Fach und muß den gesamten Durchlauf noch einmal von vorne mitmachen. Die Wörter im fünften Fach können alphabetisch geordnet werden und stehen für weiterführende Rechtschreibübungen zur Verfügung.

1 In der einfachsten Variante steht auf dem Kärtchen nur das zu übende Wort in verbundener Schrift. Das Wort soll aber nicht ab-, sondern aufgeschrieben werden. Das Kind liest das Wort, sieht sich die Schreibung an und legt das Kärtchen zur Seite. Gedehnt mitsprechend schreibt es dann das Wort aus dem Gedächtnis auf.

2 Auf der Vorderseite steht das Wort in Druckschrift, auf der Rückseite zur Kontrolle in verbundener Schrift.

3 Vorderseite: Das Wort steht in einem Satzzusammenhang. Es ist durch Fettdruck hervorgehoben. Rückseite: Das Wort in verbundener Schrift.

Das Auto **fährt** schnell.	fährt

4 Das Wort wird durch ein Bild und/oder einen Lücken- oder Rätselsatz erklärt. Auf der Rückseite steht es in verbundener Schrift. Wer sich nicht sicher ist, wie das Wort geschrieben wird, darf bei der Übung des ersten Fachs nachsehen.

(Bild)	Auto	Schnee ist weiß ___ kalt.	und

Eine Lederkugel, die zum Spielen verwendet wird.	Ball

5 Vorderseite: Drei Wörter mit dem gleichen Rechtschreibmuster. Das gesuchte Wort ist ebenfalls aufgeschrieben, es fehlt allerdings der gemeinsame Teil. Um das Wort überhaupt erlesen zu können, müssen die Kinder die Gemeinsamkeiten analysieren. Ihre Aufmerksamkeit beim Schreiben wird ebenfalls konzentriert auf das enthaltene Muster. Zusätzlich hat diese Übung den großen Vorteil, daß Analogie- und Regelbildungen wesentlich leichter fallen als bei isolierten Wörtern.

Variante: Noch besser ist die Variante mit der Einbindung in Sätzen. Diese ist allerdings bei der Herstellung des Übungsmaterials sehr aufwendig.

h**eu**te B**eu**te t**eu**er L - - te	Leute

Bei einer **Wahl** kann man auswählen. Die Laubbäume sind im Winter k**ah**l. Bei uns gibt es mir eine warme M**ah**lzeit am Tag. Z - - l

Ring h**ing** s**ing**en g _ _ _
g**ing**

Satz oder kein Satz?

E P

Material: Aufgabenkarten mit Lösungen auf der Rückseite.

1 Die Vorderseite enthält eine Reihung von Wörtern, die manchmal einen vollständigen Satz darstellen, manchmal nicht. Die Kinder sollen erkennen, ob es sich um einen Satz handelt oder nicht. Auf der Rückseite steht auf jeden Fall der richtige Satz. Entweder ist das eine Wiederholung der Vorderseite oder eine Korrektur derselben.

2 Wie **1**, nur daß die Nicht-Sätze schriftlich in Sätze umgewandelt werden sollen. In der ersten Zeit nach Einführung der verbundenen Schrift empfiehlt es sich, die kurzen Sätze in Schreibschrift vorzugeben.

3 Es stehen zwei oder mehrere Sätze da. Es fehlen die Punkte, und die Satzanfänge sind klein geschrieben. Die Kinder sollen die Sätze mit Schlußzeichen und Großschreibung der Satzanfänge ins Heft schreiben.

4 Wie **3**, nur mit mehreren Sätzen, die eine kleine Geschichte ergeben. Immer zwei Kinder arbeiten zusammen. Ein Kind liest von der Vorderseite. Es liest die Punkte, die es selbst hinzufügen muß, laut mit vor. Eventuell sagt es auch, welche Wörter groß geschrieben werden sollen. Das andere Kind überprüft an Hand der Rückseite.

Namenwörter

E P

Material: Wendekärtchen.
Es geht um das Erkennen von Nomen und die Übung der Großschreibung.
Beispiele:

rund tasse
trinke

die Tasse

freude froh
lacht

die
Freude

Wenn ich etwas Schönes erlebt habe, empfinde ich ...

Trauer
Freude
Wut

Freude

In der letzten stunde turnen wir.

In der letzten Stunde turnen wir.

5. Literaturverzeichnis

ADAMS, M. J.: Beginning to Read, Massachusetts 1990.

BALHORN, H. (Hrsg.): Lesen- und Schreibenlernen in verschiedenen Sprachen. Beiträge der DGLS 1993, Hamburg 1993.

BALHORN, H. (Hrsg.): Fibel ade? Lesen und Schreiben in der Grundschule. Beiträge der DGLS 1991/92, Hamburg 1992.

BALHORN/BRÜGELMANN (Hrsg.): Das Gehirn, sein Alfabet und andere Geschichten, Konstanz 1990.

BALHORN/BRÜGELMANN (Hrsg.): Bedeutungen erfinden – im Kopf, mit Schrift und miteinander, Konstanz 1993.

BAURMANN/BRÜGELMANN (1992 b): Brauchen Kinder Fibeln mit Leselehrgängen? Ja / Brauchen Kinder und Lehrer Fibellehrgänge? Nein. In: Deutsche Lehrerzeitung 5/1992.

BREUER/WEUFFEN: Gut vorbereitet auf das Lesen- und Schreibenlernen? Berlin 1975.

BRINKMANN, E.: Teilhabe an der Schriftkultur in Schule und Gesellschaft. Beiträge der DGLS 1992/93, Hamburg 1993, S. 16 ff.

BRÜGELMANN, H. (1992 a): Man kann diesen Unterricht guten Gewissens praktizieren. In: PÄDEXTRA 6/1992, S. 16-19.

BRÜGELMANN, H. (1993): Grundlegende Forschungen zum Lesenlernen. Ein aktuelles Resümee aus den USA mit einem Kommentar aus der BRD. In: BALHORN/BRÜGELMANN: Bedeutungen erfinden – im Kopf, mit Schrift und miteinander, Konstanz 1993.

BRÜGELMANN, H. (Hrsg.): ABC und Schriftsprache: Rätsel für Kinder, Lehrer und Forscher, Konstanz 1986.

BRÜGELMANN, H. (1983): Kinder auf dem Weg zur Schrift. Eine Fibel für Lehrer und Laien, Konstanz 1983.

BRÜGELMANN, H. (1987): Bericht Nr. 38 b. Projekt Lese- und Schreibfortschritte PLUS, Bremen 1987.

BRÜGELMANN, H. (1990): Voraussetzungen des Schriftspracherwerbs – Eine Übersicht über Befunde aus laufenden Untersuchungen. In: BALHORN/BRÜGELMANN (Hrsg.): Das Gehirn, sein Alfabet und andere Geschichten, Konstanz 1990, S. 236-245.

BRÜGELMANN/LANGE/SPITTA: Zum „Laufstall-Effekt“ im Rechtschreibunterricht. Neue Ergebnisse aus dem „Schreibvergleich Ost – West“ 1990 und 1991. In: BALHORN (Hrsg.): Fibel ade? Lesen und Schreiben in der Grundschule. Beiträge der DGLS 1991/92, Hamburg 1992, S. 3-13.

BRÜGELMANN/SÖHNEN: Ist Lesen-Lernen lernbar? Plädoyer für eine vergleichende Erprobung von Lehrgängen für den Anfangsunterricht. In: IRS/D-Beiträge, 4. Jg., 1/1981, S. 14-18.

CHALL, J. S.: Learning to Read: The Great Debate 20 Years Later – A Response to ‚Debunking the Great Phonics Myth'. In: PHI DELTA KAPPAN 1989, S. 521-538.

DATHE, G.: Einführung in die Methodik des Erstleseunterrichts, Berlin 1974.

DEHN, M.: Zeit für die Schrift. Lesenlernen und Schreibenkönnen, Bochum 1988.

EICHLER/BALHORN: Fibel ade? pro/contra Fibeldiskussion in 11 Thesen. In: BALHORN (Hrsg.): Fibel ade? Lesen und Schreiben in der Grundschule. Beiträge der DGLS 1991/92, Hamburg 1992, S. 14-21.

ERICHSON, CH.: Fibeln und Lehrgänge: Lernbarrieren erst recht für „schwache Schüler". In: Die Grundschulzeitschrift 12/1988, S. 30 ff.

FRITH, U.: Kinder, die lesen, ohne zu verstehen. Oder verstehen wir nicht, wie sie lesen? In: BALHORN/BRÜGELMANN (Hrsg.): Bedeutungen erfinden – im Kopf, mit Schrift und miteinander, Konstanz 1993, S. 338 ff.

KLUGE/KLUGE (Hrsg.): Teilhabe an der Schriftkultur in Schule und Gesellschaft. Beiträge der DGLS 1992/93, Hamburg 1993.

KOSSOW, HANS-JOACHIM: Zur Theorie der Lese-Rechtschreib-Schwäche, VEB Deutscher Verlag der Wissenschaften, Berlin 1975.

LUNDBERG, I.: Zehn Jahre Leseforschung in Schweden. In: BALHORN/BRÜGELMANN (Hrsg.): Bedeutungen erfinden – im Kopf, mit Schrift und miteinander, Konstanz 1993, S. 147 ff.

MAY, P.: Rechtschreibleistungen im Vergleich. Erste Vergleichsergebnisse der Hamburger Schreibprobe aus Hamburg und Städten der ehemaligen DDR. In: BALHORN (Hrsg.): Fibel ade? Lesen und Schreiben in der Grundschule. Beiträge der DGLS 1991/92, Hamburg 1992, S. 62-70.

MEIERS, K.: Zum Problem des selbstgeleiteten Lernens unter besonderer Berücksichtigung des Schriftspracherwerbs. In: KLUGE/KLUGE (Hrsg.): Teilhabe an der Schriftkultur in Schule und Gesellschaft. Beiträge der DGLS 1992/93, Hamburg 1993, S. 5-12.

METZE, W.: Lehrerhandbuch zur Tobi-Fibel, Berlin 1992.

METZE, W.: „Meine Fibel" im Methodenstreit. In: Die Grundschule 3/91, S. 44 f.

REICHEN, J.: Lesen durch Schreiben. Leselehrgang, Schülermaterial und Lehrerkommentar, Zürich 1982.

RICHTER, S.: Ist die Rechtschreibentwicklung im Anfangsunterricht vorhersagbar? In: BALHORN/BRÜGELMANN (Hrsg.): Bedeutungen erfinden – im Kopf, mit Schrift und miteinander, Konstanz 1983, S. 293 ff.

SCHEERER-NEUMANN, G.: Probleme beim Schriftspracherwerb im Kontext der „normalen Entwicklung". In: KLUGE/KLUGE (Hrsg.): Teilhabe an der Schriftkultur in Schule und Gesellschaft. Beiträge der DGLS 1992/93, Hamburg 1993, S. 56-63.

SCHNEIDER/BRÜGELMANN/KOCHAN: Lesen- und Schreibenlernen in neuer Sicht. In: BALHORN/BRÜGELMANN (Hrsg.): Das Gehirn, sein Alfabet und andere Geschichten, Konstanz 1990, S. 220-235.

SPITTA, G.: Kann man die Produktion von Legasthenikern verhindern? In: Modell „Erstes Schuljahr – Beiträge zum Schulanfang"; Arbeitskreis Grundschule (Hrsg.), Frankfurt am Main 1975.

SPITTA, G.: Kinder schreiben eigene Texte: Klasse 1 und 2, Frankfurt am Main 1988.

VESTNER, H.: Lehrerhandbuch zur CVK-Fibel, Berlin 1983.

VESTNER, H.: Lehrerhandbuch zum CVK-Leselehrgang, Berlin 1974.

VESTNER/WEBER: Rechtschreibleistung und Unterrichtsmethode - Eine empirische Untersuchung an Kindern des 2. Schuljahres. In: Schule und Psychologie, 1972.

WAGNER, K.: Zwischen Fibel-Gleichschritt und individuellen Lernsprüngen: 6 Thesen zur Methodendiskussion beim Lese- und Schreibanfang. Arbeitspapier.

WIMMER/KLAMPFER/FRITH: Lesenlernen bei deutschen und englischen Kindern. In: BALHORN/BRÜGELMANN (Hrsg.): Bedeutungen erfinden - im Kopf, mit Schrift und miteinander, Konstanz 1993, S. 324 ff.

Quellenangaben:

Die meisten Zeichnungen stammen von **Burkhard Kracke**, Hannover; entnommen aus: Wilfried Metze, Arbeitsheft zur Tobi-Fibel, © 1992 Cornelsen Verlag, Berlin, Bestell-Nr. 74420.
S. 87: **„Lese-Mal-Blätter"** aus: Wilfried Metze, Lese-Mal-Blätter zum sinnerfassenden Lernen, Ergänzung zur Tobi-Fibel, © 1992 Cornelsen Verlag, Berlin, Bestell-Nr. 74447.
S. 50 unten, S. 55, S. 56, S. 57 oben, S. 59 Mitte, S. 62, S. 67 u.a.: **Klaus Becker**, Frankfurt am Main, © 1995 Cornelsen Verlag Scriptor, Frankfurt am Main.
Computergraphik: **ClipArt** aus „Designworks", © 1994 GST Technology Ltd.

Abkürzungen:

B Übungen zum Training basaler Wahrnehmungsfähigkeit

E Einzelarbeit

P Partnerarbeit

G Gruppenarbeit

Schwerpunkte einzelner Übungen liegen in diesen Teilbereichen:
Sprachgestaltung
Analyse
Strukturierung
Synthese
Buchstaben